ヤミ金融撃退マニュアル

恐るべき実態と撃退法

弁護士
宇都宮健児

花伝社

ヤミ金融撃退マニュアル——恐るべき実態と撃退法◆目次

1章 激増するヤミ金融

2章 ヤミ金融撃退法

3章　ヤミ金融被害を根絶するために

資料編

1章

激増するヤミ金融

1 ヤミ金融とは何か

このところ日本全国で「ヤミ金融」と呼ばれる高利金融業者が激増し、大きな社会問題となっています。

ヤミ金融とは、貸金業登録の有無にかかわらず、出資法（「出資の受入れ、預り金及び金利等の取締りに関する法律」）五条二項の金利規制（利息が年二九・二％を超えると三年以下の懲役もしくは三〇〇万円以下の罰金またはこれらが併科される）に違反して超高金利で貸付けを行う金融業者のことです。

ヤミ金融は、どの業者も、刑罰が科される出資法の金利規制に違反して営業を行っているので「犯罪行為」を行っていることになります。

ちなみに、サラ金やクレジットのキャッシング、商工ローンなどの金利は出資法の上限金利年二九・二％以下の金利となっています。しかしながら、サラ金やクレジットカードのキャッシング、商工ローンなどの金利は、大半が利息制限法の制限金利（年一五～二〇％）には違反する金利となっています。

利息制限法の制限金利を超える金利部分については利息契約が無効となるのですが、利息制限法には罰則がないので、サラ金・クレジット・商工ローン業者は利息制限法を守っていないのです。

もともとヤミ金融は、貸金業の登録をしないで無登録で営業を行う、まさに「闇」の業者が多かったのですが、最近では貸金業の登録をした上で出資法の金利規制に違反する超高金利で貸し付けるヤミ金融も急増しています。

登録業者の中でも、特に目につくのが東京都知事登録業者です。東京都知事登録の貸金業者は現在約六八〇〇業者であり、このうち約六五％（約四四〇〇業者）は登録して三年未満で更新番号が「都①」の業者であるといわれています。

東京都では現在毎月二〇〇件を超える貸金業の登録申請が行われているということですが、「都①業者」の大半は、多重債務者を食い物にする紹介屋や買取屋などの偽サラ金業者かヤミ金融業者であると考えられます。

ヤミ金融業者がなぜわざわざ貸金業の登録をするのかというと、貸金業規制法（「貸金業の規制等に関する法律」）違反（無登録営業）による摘発を防ぐ目的や、ちゃんとした業者であると利用者を欺くといった目的の他に、広告を打ちやすくするという目的がありま す。スポーツ新聞や夕刊紙、新聞の折込広告、雑誌などで広告を出すには、多くの場合貸金業の登録業者であることが広告掲載基準となっているからです。

ちなみに、貸金業の登録は、都道府県知事登録の場合、四万三〇〇〇円の登録手数料さえ支払えば、貸金業規制法六条の登録拒否事由に該当しない限り、誰でも簡単に登録することができる手続きとなっています。

サラ金やクレジットの支払日は通常一か月に一回であるのに対し、ヤミ金融の支払日は通常一〇日に一回あるいは一週間に一回となっています。このため、ヤミ金融は「短期高利金融業者」あるいはただ単に「短期金融」とも呼ばれています。

また、ヤミ金融の金利が以前は一〇日で一割（年三六五％）、一〇日で二割（年七三〇％）の業者が多かったので、ヤミ金融は「トイチ業者」、「トニ業者」とも呼ばれていました。しかしながら現在のヤミ金融の金利は、「トヨン」（一〇日で四割、年一四六〇％）、「トゴ」（一〇日で五割、年一八二五％）が主流となっており、中には金利が一日一割（年三六五〇％）、一日二〇割(年七万三〇〇〇％)という途方もない高金利をとるヤミ金融も出現してきています。

貸金業者（サラ金など）の金利規制・早わかり

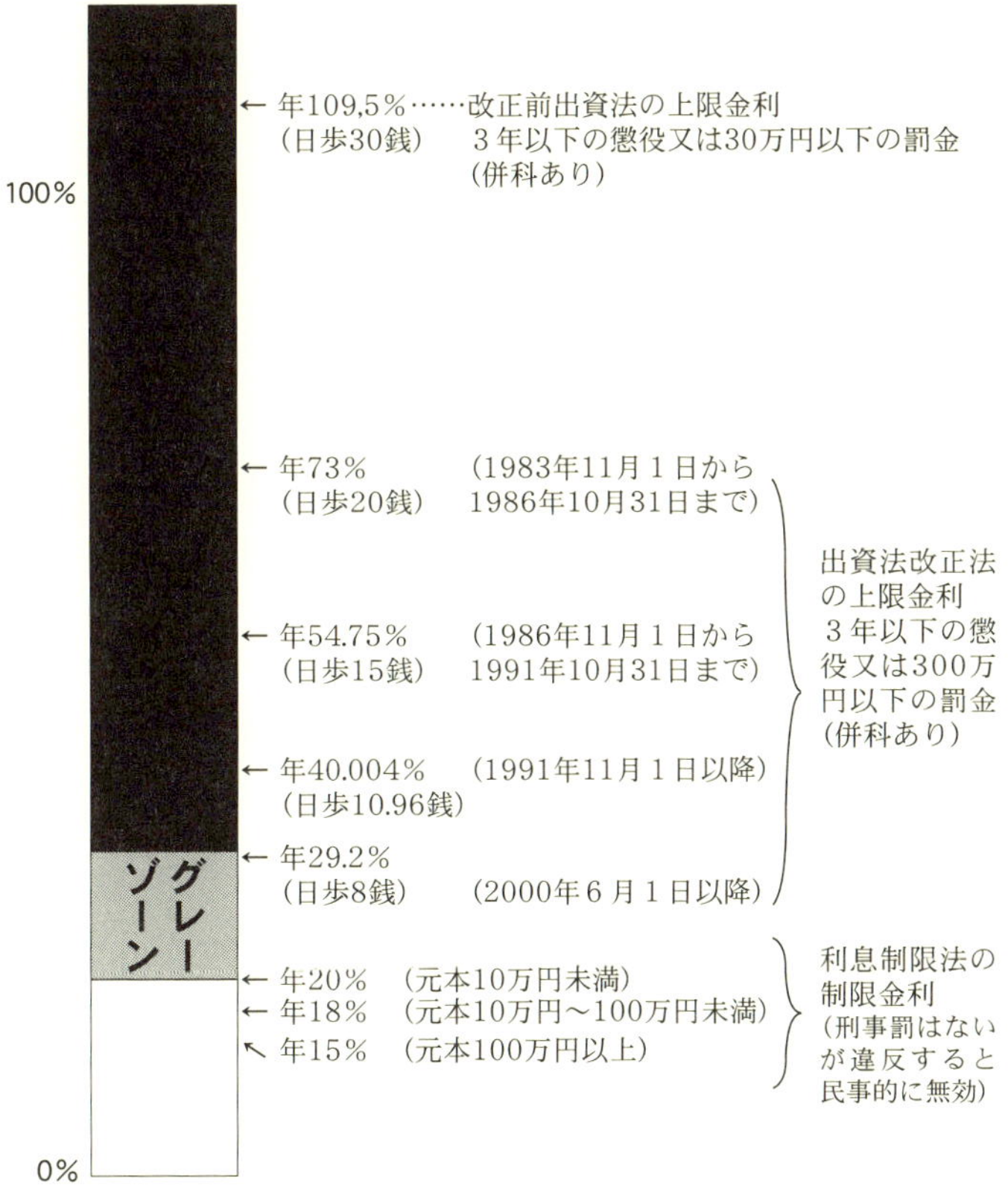

2 ヤミ金融はだれをターゲットにしているか

ヤミ金融がターゲットとしているのは、サラ金やクレジットを利用して返済困難に陥っている多重債務者や自己破産者、日栄や商工ファンドなどの商工ローンを利用して返済困難に陥っている中小零細事業者です。

サラ金やクレジットを利用して返済困難に陥っている多重債務者は、少なく見積もっても一五〇万人から二〇〇万人は存在するだろうといわれています。二〇〇一年の個人の自己破産申立て件数は一六万件を突破して過去最高となりましたが、二〇〇二年の個人の自己破産申立て件数は二〇〇一年を大きく上回り二〇万件を突破する勢いで増え続けています。

また、長引く不況や銀行の貸し渋りなどにより中小零細企業の倒産も増え続けており、二〇〇一年一年間における負債総額一〇〇〇万以上の企業倒産件数は二万件に迫り、戦後二番目の高水準になっています。

ヤミ金融は、返済困難に陥っている多重債務者や中小零細事業者の名簿を不正に入手し、ダイレクトメールやＦＡＸを送り付けて融資勧誘を行っています。多重債務者や中小零細企業者に直接電話をかけたり携帯電話にメールを送って、融資勧誘を行っているケースもあります。

この他、ヤミ金融は、スポーツ新聞や夕刊紙、新聞の折込広告、チラシ、看板などでも盛んに広告を行っています。

ヤミ金融は、実際には「トヨン」（一〇日で四割、年一四六〇％）、「トゴ」（一〇日で五割、年一八二五％）という途方もない超高金利で貸付けを行っているにもかかわらず、広告では出資法の上限金利年二九・二％以下の金利で融資をするかのような宣伝を行っています。

武富士、アコム、アイフルなどのサラ金大手でも貸出金利は年二五％～二九・二％位であるのに、ヤミ金融の中には、年八％～一三％というように極端に低い金利で融資するかのように宣伝している業者も少なくありません。あまり名前の知られていない金融業者が、大手サラ金業者などと比較しても極端に低い金利で融資すると宣伝している場合は、ヤミ金融や紹介屋・買取屋などである可能性が強いので、注意する必要があります。

「ブラックＯＫ」、「審査なし」、「自己破産者でもＯＫ」、「即刻融資」などというように簡単に融資が受けられることを強調する広告が多いのもヤミ金融の広告の特徴です。

ヤミ金融が自己破産者をターゲットとするのは、自己破産者は、自己破産したことが信用情報機関に事故情報として登録されるので、五～七年間は銀行や一般のサラ金・クレジットからは借金することが困難になるからです。

自己破産者は、自己破産申立てをして免責決定を受けると、多重債務から一旦は解放されますが、多重債務を抱える原因となった生活苦、低所得、病気、失業というような問題は自己破産しただけでは直ちには解決されない人が多いのです。このため、自己破産をしてそれまでの借金はなくなったけれども、どうしても生活が苦しくてヤミ金融に手を出す人も多いのです。

現在の破産法では自己破産申立てをして免責決定を受けるのは原則として一〇年に一回だけということになっていることも、ヤミ金融が自己破産者をターゲットとしていることの理由の一つであると思われます。一度自己破産申立てをして免責決定を受けた人は、ヤミ金融に手を出して再び多額の借金をした場合でも今後一〇年間は、再度自己破産申立てをして免責決定を得ることが困難になるからです。

ヤミ金融は、官報などで自己破産した人を調べて、ダイレクトメールを送り付けて融資勧誘を行っていると思われます。

3 多様化・巧妙化するヤミ金融の手口

ヤミ金融が激増する中で、ヤミ金融の手口も多様化し巧妙化してきています。

ヤミ金融には大きく分けて多重債務者、自己破産者などの個人をターゲットとするヤミ金融と中小零細事業者をターゲットとするヤミ金融に分けられます。

また、ヤミ金融の中には、前述したとおり「都①業者」のように貸金業の登録をしているヤミ金融と貸金業の登録をしていないヤミ金融があります。無登録営業は前述したように貸金業規制法違反となり、三年以下の懲役もしくは三〇〇万円以下の罰金またはこれらが併科されます。

現在横行しているヤミ金融には、次のような種類があります。

(1) システム金融

システム金融とは、資金難・経営難に陥っている中小零細事業者をターゲットとして、FAXやダイレクトメールで融資勧誘を行い、郵便局留めで小切手を郵送させて融資を行い、中小零細事業者から振り出させた小切手を決済させる方法で融資金の回収を行っているヤミ金融業者です。

システム金融は、中小零細事業者の中でも特に日栄や商工ファンドなどの商工ローンから借金をしている中小零細事業者をターゲットとしています。日栄や商工ファンドなどの商工ローンから借り入れをしている中小零細事業者は、資金難・経営難に陥っているのはまず確実だからです。システム金融はさまざまな方法で日栄や商工ファンドの顧客名簿を入手してＦＡＸやダイレクトメールを送付して、融資勧誘を行っているものと思われます。

システム金融は、摘発を逃れるため電話番号や住所を頻繁（ひんぱん）に変更しています。また、ほとんどのシステム金融は無登録で営業を行っています。

中小零細事業者は、小切手が不渡りとなり銀行取引停止処分となると会社が倒産してしまい事業が継続できなくなるので、超高金利のシステム金融であっても必死になって返済を続けようとします。そのため、二社、三社とシステム金融に手をだすようになるのです。

システム金融側も、システム金融に手を出した中小零細事業者が返済困難に陥っていることはわかっているので、同一グループに属する他のシステム金融が次々とＦＡＸやダイレクトメールで融資勧誘を行って借りさせて、結局は中小零細事業者の収益の大半を収奪し尽くすのです。

(2) 都①業者

東京都知事の貸金業登録をしながら、出資法違反の超高金利で貸付けを行うヤミ金融業者が急増しています。このようなヤミ金融は、登録して三年未満の更新番号が「都①」の業者が多いので、前述したように「都①業者」(トイチ業者)と呼ばれています。

中には、更新番号が「都②」「都③」であっても、出資法違反の超高金利で貸付けを行っている業者もいますので、注意が必要です。

都①業者は、スポーツ新聞や夕刊紙、新聞の折込広告、雑誌などに広告を掲載しています。

特に最近では、都内ばかりでなく全国各地の多重債務者や自己破産者にダイレクトメールを送り付けて融資勧誘を行う都①業者が急増しています。

都①業者は、多重債務者の名簿を不正に入手しています。また、自己破産者については、官報で調べているのではないかと思われます。

債務者の返済が滞ると、都①業者は電話・電報・FAXによる脅迫的取立てを繰り返して債権回収を行っています。

なお、都①業者の中には、出資法違反の超高金利の貸付けを行うヤミ金融業者の他に、自らは一切融資は行わないで多重債務者を食い物にする「紹介屋」「買取屋」のような偽サラ金業者も存在します。

「紹介屋」とは、自分では融資を一切行わないで、他のクレジット・サラ金業者を紹介して高額な紹介料（融資額の二〇〜五〇％）をピンハネする業者です。

多重債務者の多くは、返済を怠ればクレジット・サラ金業者の厳しい督促・取立てを受けるので、借金返済のために借金するという自転車操業をしながらも表面上は毎月の返済はきちんと行っているため、銀行業界やクレジット業界、サラ金業界が業界ごとにつくっている信用情報機関には「延滞」「貸倒れ」「破産」というような事故情報（ブラック情報）が登録されず、新たに借金をすることが可能な状態となっているのです。したがって多重債務者が新たに借金をすることができたのは、紹介屋のおかげでも何でもないのに、紹介屋に騙されて紹介料を支払っているのです。

このような紹介屋は、最近相次いで詐欺罪で摘発されています。

「買取屋」は、多重債務者のクレジットカードでビデオ・パソコン・カメラなどの商品や新幹線の切符・高速道路券・ビール券などの金券を大量に購入させ、多重債務者からこれらの商品や金券を定価の三〇〜四〇％くらいで下取りし、一定のマージンを上乗せしてこれらの商品や金券をディスカウントショップや金券ショップに転売して多額の利益を得ている業者です。

多重債務者に対しては、後日クレジット会社から、商品・金券代金に手数料を加えたクレジット代金全額の請求がくることになり、多重債務者の借金はますますふくれ上がることになります。

買取屋も、詐欺罪などで摘発されています。

貸金業の登録をしたヤミ金融は、これまでは東京都知事登録の都①業者が圧倒的に多かったのですが、最近では他の道府県知事登録で更新番号①のヤミ金融も増えてきていますので、注意が必要です。

(3) 占有屋と提携するヤミ金融

ヤミ金融の中には、占有屋と提携しているヤミ金融業者がいます。

占有屋と提携するヤミ金融が、自宅不動産を所有している債務者に融資するときは、債務者から建物賃貸借契約書・建物明渡承諾書・動産売却承諾書(これらの書類は「三点セット」と呼ばれています)を取ります。そして、ヤミ金融に対する債務者の支払いが一度でも遅れると、ヤミ金融から「三点セット」の書類を買取った占有屋が、債務者の自宅不動産をいきなり強引に占拠してしまいます。

債務者や債務者の家族は、生活の本拠である自宅を失い、着の身着のままで放り出されてしまうことになります。

占有屋は、占拠した建物に「〇〇商事管理物件につき立入禁止」などの貼り紙を玄関などの目につきやすい場所に掲示し、連絡先として携帯電話の番号のみを表示し、関係者を住まわせて占有を継続します。

占有屋は、警察などの追及を逃れるため、偽名や架空の企業名を使い分けており、数か月に一度の割合で名前を変えるケースもあります。占有屋は、「〇〇商事」「〇〇総業」「〇〇総研」「〇〇興業」というような企業名をよく使っています。

建物を占拠した占有屋は、お金になるような家財道具などの動産を売却してしまい、事情を知らない第三者に建物を賃貸して賃料を取得したり、建物が売買されたり、強制競売される際には高額な明渡し料を取得して不法な利益を上げています。

占有屋が占拠している建物を貸借する人は、通常の不動産屋を通じてはアパートやマンションを貸借するのが困難なオーバーステイ（不法滞在）となっている在日外国人などが多いといわれています。

占有屋は、債務者の一一〇番通報を受けて警察官が来ても、「三点セット」の書類を見せ

2001年10月4日　上毛新聞

1年（平成１３年）１０月４日　（木曜日）　上

高利貸、占有屋を摘発

5人逮捕　法定の31倍、家も占拠

県警

法定の二十四倍から三十一倍の高金利で金を貸した上、返済不能になった債務者の自宅を不法に占拠したとして、県警暴力団対策課と生活環境課、大泉署は三日、出資法違反と不動産侵奪などの疑いで、貸金業者や占有屋の男ら五人を逮捕した。県警によると、高利の"ヤミ金融"と占有屋が一度に摘発されたのは全国的にも珍しいという。

出資法違反と貸金業法違反の容疑で逮捕されたのは東京都北区神谷、貸金業、高口信哉(二八)、千葉県市川市宮久保、貸金業手伝い、橋本浩延(四二)、東京都江戸川区船堀、貸金業、奥山清保(三〇)、横浜市金沢区能見台、建設業手伝い、横山智之(三五)の四容疑者。不動産侵奪容疑で逮捕されたのは東京都新宿区下落合、自称・自営業、古田正則容疑者(五六)。

調べによると、高口容疑者は昨年十一月十三日ごろ、太田市の男性(六七)に百三十万円を貸し、法定利息を超える一日当たり2・5%の利息を受けるなどした疑い。橋本容疑者は同月二十九日ごろ、この男性に百二十五万円を貸し、同1・92%の利息を受けるなどし、奥山、横山両容疑者は共謀し同年十二月二十五日ごろ、この男性に八十三万円を貸し、同2・3%の利息を受けるなどした疑い。

古田容疑者は今年一月末から二月六日まで、当時この男性と家族が住んでいた大泉町内の木造二階建て住宅に居座り、不法に占拠した疑い。五人は大筋で容疑を認めているという。

これまでの調べで、高口容疑者らはそれぞれ、当時自営業で資金繰りに困っていた男性にファクスでチラシを送り、東京都内の事務所に呼び出し、法外な高利を提示。土地建物賃貸契約書、建物明け渡し承諾書などに署名なつ印させ、資金を貸していたという。

今年一月末、この男性の事業が行き詰まって不渡りを出すと、高口容疑者らは債権を古田容疑者へ譲り、古田容疑者が男性の自宅に居座った。男性の長女が帰宅して家に入ろうとしたところ、ドアが開かなかったため大泉署に相談し、犯行が分かった。

て、自分たちの占有の正当性を主張します。警察官も、占有屋から「三点セット」の書類を見せられると、「民事不介入」を理由に占有屋の不法占有を野放しのまま放置していることが多いのが現状です。

しかしながら、いかなる書類があったとしても、自宅不動産の所有者である債務者の承諾がないにもかかわらず、債務者の意思に反してその占有を奪うことは、民事的にも刑事的にも違法です。法治国家においては、実力行使は違法であり、占有屋の行為は、住居侵入罪（刑法一三〇条）や不動産侵奪罪（刑法二三五条の二）に該当する犯罪行為です。

（4）リース契約を仮装するヤミ金融——「家具リース」「車リース」

このところ出資法の金利規制（利息が年二九・二％を越えると三年以下の懲役もしくは三〇〇万円以下の罰金またはこれらが併科される）を脱法するために、債務者の家財道具一式や自動車を一旦買い取り、これを債務者に貸与するリース契約を締結し、債務者から高額な家財道具や自動車の使用料（リース料）を徴収するヤミ金融が、関西地方を中心に増えてきています。

このような「家具リース」「車リース」などと称するヤミ金融は、出資法の金利規制違反が問題となったとき、金銭賃借ではなく家財道具や自動車のリース契約でありリース料は

2000年4月26日　産経新聞

家具リースで
違法貸し付け

古物営業許可証隠れミノ

大阪府警、組員ら追及

新手の高利貸

大阪市内の暴力団組員らが、債務者から買い取った家具などをリースした形にして違法な貸し付けをしていた貸金業法違反事件は、「古物営業」の許可証を隠れミノにした新しい手口の高利貸だったことが二十六日、大阪府警生活経済課の調べで分かった。実際には貸金業の免許が必要なのに、組員らは調べに「古物の貸し出しでリース料を徴収しただけ」と弁解。府警は法定金利を上回る利息も「リース料」の名目で法の網の目をくぐり抜けようとしていたとみて追及している。

調べでは、逮捕された指定暴力団東組系組幹部、羽根和憲容疑者(四三)ら四人は、融資申込者から自宅の家具やテレビなどをいったん買い取った形にして代金を渡す一方、家具などはそのまま残してリース契約を締結。その際の買い取り代金が事実上の貸金となり、一万円につき一日四百円の「リース料」を徴収していた。「リース料」は事実上の「利息」で、支払いが滞った場合は「担保」として家具などを差し押さえる仕組みになっていた。しかし、貸金業の免許を持っていない組員らは「古物営業」の許可証を悪用。知り合いの古物業者から古物営業許可証の名義を借りたうえ、事務所も金融業ではなく「近畿リース」を名乗っていた。

府警は、組員らが「古物営業」の看板を掲げながら、実際には家具などの査定を全くしていなかったことや買い取りをしていないことから、高利貸の隠れミノにしていたと判断、貸金業法違反(無登録営業)、出資法違反(高金利)容疑で組員らの逮捕に踏み切った。

組員らは阪神間のマンションなどを中心に「急な出費に朗報!」などのチラシを配布。主婦らを中心に一人当たり数万円単位の貸し出しで百人以上の利用者を集めていた。中には法定金利(年利約四〇%)の約四十倍もの金利を支払ったケースもあったという。

利息ではないので出資法の適用はないと言い逃れるために、このような形態をとっているのです。

しかしながら、「家具リース」「車リース」は、いかにリース契約を仮装していても、実質は貸主が借主から違法金利を取るための欺瞞（ぎまん）的な違法契約であり、民事的には契約は公序良俗違反で無効であり、刑事的には出資法違反(金利規制法違反)、貸金業規制法違反（無登録営業）の犯罪行為となるものです。

(5) 金券金融、チケット金融

「金券金融」「チケット金融」も、最近になって関西地方を中心に急増してきている新手のヤミ金融です。このような業者は「金券代金後払いOK」と広告宣伝しています。

たとえば、多重債務者がある金券店で、額面七〇〇〇円の阪神高速回数券二五〇枚を、代金一七万五〇〇〇円は一〇日以内で支払う約束で買い取り、その金券店の指定する他の金券店で一枚五〇〇〇円で換金すると一三万五〇〇〇円の現金を受領することができます。しかしながら、多重債務者は、一〇日後に最初の金券店に対し一七万五〇〇〇円を支払わなければならないので、受領した現金一三万五〇〇〇円に対し一〇日間の利息が四万円となり、年利一〇八一％になります。

2002年10月1日　日本経済新聞（夕刊）

後払いで売った金券を値引き換金

チケット金融 契約無効

堺簡裁が初判断 「実態は高金利融資」

客と契約を結んで代金後払いで金券を額面で購入させ、金券ショップなどですぐに換金させる「チケット金融」を巡る訴訟で、堺簡裁（鶴川義人裁判官）は一日までに、「実態は弱者への高金利融資で、公序良俗に反して契約は無効」として、未払い代金の支払いを求めた業者の訴えを退けた。

被告の客側によると、「同金融の売買契約が無効」とされたのは全国初という。

訴訟では、自営業の男性が業者から五万円分の高速道路の回数通行券を代金後払いで買い、金券ショップで三万八千円に換金したものの、代金の五万円を支払わなかったことが問題となった。

鶴川裁判官は、金券ショップと業者が同じ場所にあったことなどを挙げて「形式的には金券の売買行為だが、実態は弱者への金の貸し付け。男性は暴利の支払いを余儀なくされた」と認定。契約は無効と結論付けた。

チケット金融を巡っては、多重債務者を中心に被害が広がっているとされる。大阪クレジット・サラ金被害者の会は「客は金券ショップで換金して現金を手に入れ、実際は融資を受けたことになる。業者は安く金券を仕入れているため、法定金利を大幅に超える額面との差額を手にする」と指摘。今回の判決について「チケット金融の実態が金の貸し付けであることを認めており、被害者救済がしやすくなった」と評価する。判決について、原告の業者は「担当者が不在でコメントできる者がいない」としている。

「金券代金後払いＯＫ」と宣伝している業者のなかには、多重債務者が金券購入を申し込むと高額な手数料を差し引いた現金を直接多重債務者の銀行口座に振込送金して、後日金券代金を取り立てるというような業者もいます。この場合、多重債務者は、金券を受け取ることもないし、他の金券店で換金することもしていないのですが、金券代金の名目で取立てを受けることになります。

「金券金融」、「チケット金融」も、前述した「家具リース」「車リース」と同様、出資法の金利規制を脱法しようとしているヤミ金融の一種です。

金券金融業者、チケット金融業者も、出資法の金利規制違反を指摘されると、金銭賃借ではなく、金券の売買であるから出資法の適用はないと言い逃れるためにこのような形態をとっているのです。

「金券金融」、「チケット金融」も、出資法違反の犯罪行為であることに変わりはありません。

（6）年金担保金融

このところ、「年金立替え」「年金融資」などの広告を出して、年金証書や銀行の貯金通帳、銀行印、キャッシュカードなどを預かることにより事実上年金を担保に取り、年金生活者を食い物にする悪質な年金担保金融業者が急増しています。

法律で年金を担保に取って融資することが認められている年金福祉事業団のような公的金融機関以外の金融業者が年金を担保に取って融資を行うことは、国民年金法二四条や厚生年金保険法四一条一項などにより禁止されています。

また、貸金業規制法に関する金融庁の事務ガイドラインでも、貸金業者が「運転免許証、健康保険証、年金受給証等の債務者の生活上必要な証明証等を徴求すること」を禁止しています。

違法な年金担保金融業者の多くは、出資法の金利規制に違反する超高金利で貸付けを行っているヤミ金融です。

(7) ○九○金融

ガードレールや信号機、電柱などに「ブラック○K」「自己破産者○K」「審査無し、来店不要、即日融資」「テレホンキャッシング」「宅配融資」などの文言と携帯電話番号のみを書いた看板や貼り紙、チラシを貼って顧客を集め、携帯電話一本で融資を行う「○九○金融」と呼ばれるヤミ金融がこのところ急増しています。

○九○金融は、これまでは九州地方に特に多かったのですが、全国的に広がる傾向にあります。

〇九〇金融の中には、前述した看板や貼り紙、チラシなどの他に、直接債務者の携帯電話などに電話をして融資勧誘を行う業者もいます。

〇九〇金融は、すべて貸金業の登録をしていない無登録業者です。

〇九〇金融は、業者の住所、氏名の特定が著しく困難なため、弁護士が受任通知の文書を出すことができません。また、債務者本人が調停や自己破産の申立てをしたことを文書で出すこともできません。このため〇九〇金融に対しては、電話で通知することになります。〇九〇金融は、電話もプリペイド式や他人名義の携帯電話を使っていることが多く、また短期間で新しい電話に取り替えたりしています。

都①業者は、東京に拠点をおいているヤミ金融業者ですが、〇九〇金融は、債務者が住んでいる地元のヤミ金融業者です。

金融業者の広告で電話番号が携帯電話の「〇九〇」から始まる金融業者は、ヤミ金融の〇九〇金融ですから、絶対に手を出さないように注意する必要があります。

4 暴力的・脅迫的取立ての実態

ヤミ金融はもともと違法営業を行っているので、債務者の返済が滞った場合、法的手段による債権回収は行わず、もっぱら暴力的・脅迫的な取立てにより債権回収を行っています。このため自殺や夜逃げに追い込まれる多重債務者も少なくありません。

警察庁の発表によれば、二〇〇一年一年間における経済苦、生活苦を理由とする自殺者は六八四五人となり過去最多となったということです。経済苦・生活苦による自殺者の増加には、暴力的・脅迫的な取立てを行っているヤミ金融が激増していることも影響しているのではないかと思われます。

また、二〇〇一年の個人の自己破産申立て件数は、前述したように年比一五・二％増の一六万四五七件となり過去最高となったのですが、二〇〇二年の個人の自己破産申立て件数は、五月現在で前年比四一・九％増というように二〇〇一年の増加率をはるかに上回る増加傾向を示しています。この自己破産申立て件数の急激な増加も、全国的なヤミ金融の激増が影響しているのではないかと思われます。返済困難に陥っている多重債務者の数は

個人破産申立件数の年別推移

（単位：件、％）

年	件　　数	年	件　　数
1984年	約24,000	93年	43,545（　0.9）
85年	14,625（4割減）	94年	40,385（△　7.3）
86年	11,432（△21.8）	95年	43,414（　7.5）
87年	9,774（△14.5）	96年	56,494（　30.1）
88年	9,415（△　3.7）	97年	71,299（　26.2）
89年	9,190（△　2.4）	98年	103,803（　45.6）
90年	11,273（　22.7）	99年	122,741（　18.2）
91年	23,288（　106.6）	2000年	139,281（　13.5）
92年	43,144（　85.3）	01年	160,457（　15.2）

（注）　カッコ内は前年比増減率
（資料）最高裁判所

経済・生活苦の自殺者数

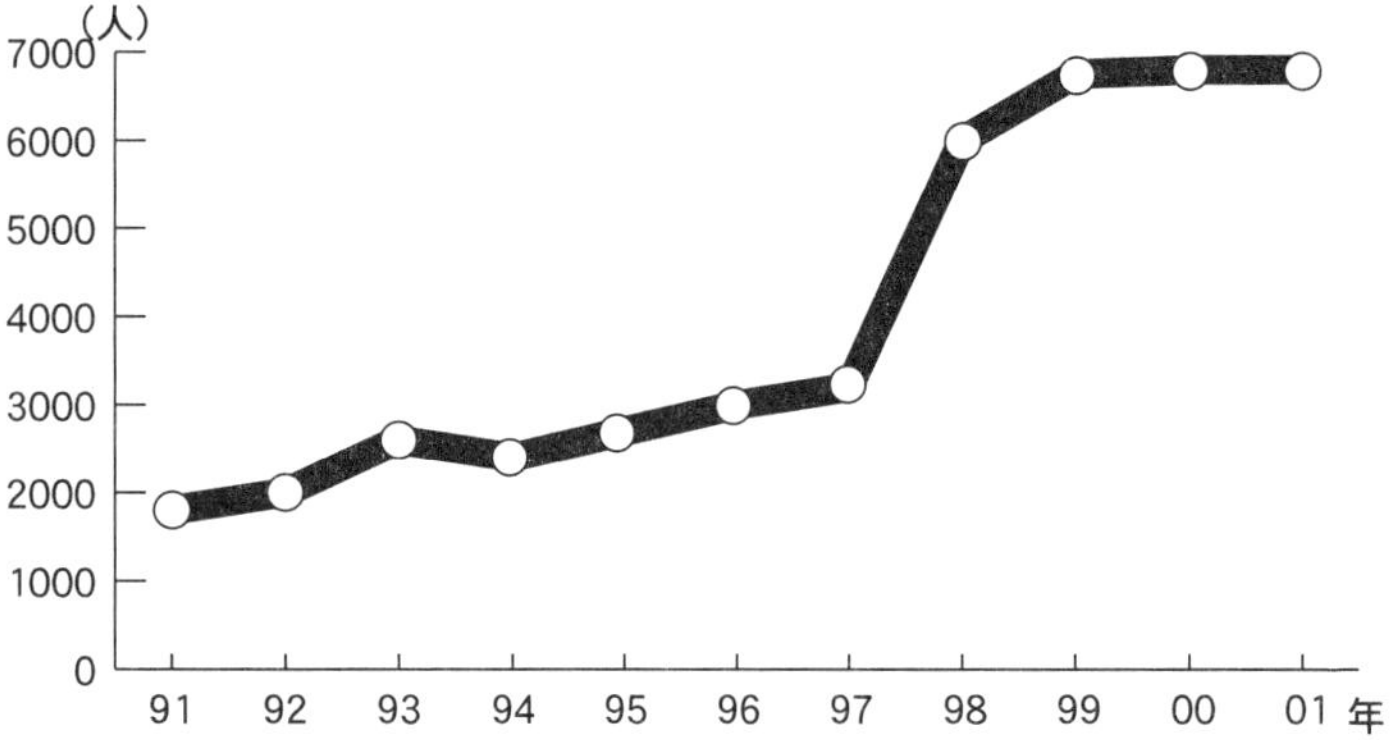

警視庁まとめ

一五〇万人とも二〇〇万人とも言われていますが、このところの自己破産の激増現象は、これまで潜在化していた多重債務者が、ヤミ金融から苛酷な取立てを受けたため、弁護士会などの相談窓口に大挙して押しかけ、一気に顕在化したとも考えられるからです。

ヤミ金融が全国的に激増する中で、その取立て行為もますますエスカレートしてきています。ここでは、ヤミ金融の暴力的・脅迫的な取立ての実態を紹介したいと思います。

①「心臓えぐり取るぞ」――電話による脅迫的取立て

ヤミ金融の債権回収は、電話による脅迫的取立てを主たる手段にしています。特に都業者のヤミ金融は、東京都内の多重債務者だけでなく全国各地の多重債務者に対しダイレクトメールを送付して貸付けを行っていますので、もっぱら電話による脅迫的取立てを債権回収の主たる手段としています。

ヤミ金融が電話をかける対象は、借金をした債務者本人はもちろんですが、債務者の両親、兄弟、親族、勤務先など広範囲に及びます。中には債務者とはまったく関係のない債務者と同じアパートに住む住民、近所の住民、債務者の行きつけの床屋などに対しても無茶苦茶な取立てを行っているヤミ金融業者も存在します。とにかく、債務者の嫌がるようなところにはどんなところにも電話をして、債務者に心理的プレッシャーをかけて債権回

3　ヤミ金融について

●種類

短期高利貸し	63
システム金融	7
車金融	1
その他	5

●登録業者か

登録業者	19
無登録業者	11
不明	19

●知った経験

スポーツ新聞広告など	8
ダイレクトメール	47
電話勧誘	18
張り紙・チラシ	6
その他	5

●渡した書類

免許証・身分証	13
印鑑証明	11
委任状	5
手形・小切手	3
債権譲渡通知等	1
自宅等明渡承諾書	1
動産売買契約	2
その他	6

●貸付け利率

	年利換算	
1月1割	120%	1
10日で1割	365%	4
1月5割	600%	1
10日で2割	730%	4
10日で2.5割	912.5%	1
10日で3割	1095%	4
10日で3.5割	1277.5%	1
10日で4割	1460%	5
7日で3割	1563%	2
10日で5割	1825%	12

	年利換算	
7日で4割	2084%	1
10日で6割	2190%	1
7日で5割	2605%	3
7日で6割	3126%	2
10日10割	3650%	3
7日で11割	5210%	1
7日で10割	5731%	2
1日で20割	73000%	1
10日で3～5割	1095～1825%	1

●借用書控え

渡された	3
渡されない	38

●支払い状況

全ての借入以上の利息を支払っている	23
少ししか支払っていないものもある	8
一度も払っていないものもある	9

●支払い方法

手渡し	17
口座振込	29
集金	

●取立て被害状況

自宅に取立て	4
職場に取立て	5
親族などへ督促	14
暴行・脅迫・監禁	8
頻繁な電話	16
その他	1

●領収書の有無

受領	3
未受領	36

※この他の地域の件数について(愛媛:42件、広島:8件、高松:22件、福山:10件、徳島:8件、佐賀:21件、大阪:23件、福岡47件、東京(太陽の会):46件、長崎:13件、桐生:2件)
件数総合計:414件

ヤミ金融 100 番集計結果（2002 年 7 月 12 日実施）

件数（東京（東京市民法律事務所）：172 件）

実施場所：東京市民法律事務所
問い合わせ先：〒104-0061　東京都中央区銀座 6-12-15　西山ビル 7 F
東京市民法律事務所
全国ヤミ金融対策会議
代表幹事　弁護士宇都宮健児　　事務局長　弁護士木村裕二
電話　03-3571-6051　ＦＡＸ　03-3571-9379

1　相談者について

●債務者との関係

本人	80
配偶者	8
親	12
子	15
親族	24
友人	2
上司・同僚・部下	4
不明	27

●相談者の住所

愛知県	4
茨城県	5
岩手県	1
宮崎県	3
宮城県	1
京都府	1
熊本県	2
広島県	2
香川県	1
高知県	2
佐賀県	1
埼玉県	11
三重県	1
山形県	1
山口県	2
山梨県	1

滋賀県	1
鹿児島県	2
新潟県	2
神奈川県	14
青森県	1
静岡県	1
石川県	1
千葉県	11
大阪府	5
長崎県	2
東京都	44
栃木県	1
富山県	3
福井県	2
福岡県	1
兵庫県	4
北海道	7

2　債務者について

●性別

女性	40
男性	79

●年齢

10 代	2
20 代	12
30 代	17
40 代	26
50 代	23
60 代	15
70 代	6

●職業

自営業		25
勤務	(会社員)	35
	パート	11
	その他	5
無職	主婦	11
	年金受給	3
	その他	23

●債権整理・破産の有無

有	35
無	32

収を図ろうとしているのです。

このため会社を解雇されたり、配偶者と離婚せざるを得なくなったり、住居を引っ越さざるを得なくなったというような被害が続出しています。

全国ヤミ金融対策会議が、二〇〇二年七月一二日東京市民法律事務所において実施した「ヤミ金融一一〇番」では、午前一〇時から午後五時まで六台の電話が鳴りっ放しで、一日だけでなんと合計一七二件もの相談が寄せられました。相談は、北海道から九州までほぼ日本全国にわたっていました。

この「ヤミ金融一一〇番」に寄せられた相談事例の中から電話による取立てに関する特徴的な相談事例をあげると、「ヤミ金融の脅迫的取立てで会社を解雇され、離婚せざるを得なくなった（宮崎）」、「妻がノイローゼになるくらい電話がかかりっぱなし（東京）」、「ちょっとでも支払いが遅れると一日一〇本ぐらい電話がかかってくる（東京）」、「親族にすごい電話がかかってくる（高知）」、「兄の借金で役場に勤めている弟にしつこく電話がある（北海道）」、「町内の人、姉の職場、子供の学校などに電話がある。警察にも言ったが、警察がヤミ金融業者に電話するたびに子供の学校に電話が入る（千葉）」、「職場に電話が入りリストラされそうで、子供に迷惑がかかると思い、阿蘇山の火口に飛び込もうと思って行ってきたが思いとどまった（愛媛）」、「妻の借金で夫の職場に毎日二〇本ぐらい電話が入る（地域不明）」などとなっています。

ここにヤミ金融業者ニッシンの兵藤と名乗る人物の電話による取立てテープがあります。相手方は、債務者の母親で年金生活者です。

テープを聞くと、「心臓えぐり取るぞ、こら、クソばばあ」、「年金取りに行くから、死ねよお前」、「婆さんは殺す、家は燃やしてやるわ、お前」、「人を殺したぐらいじゃビクともせんが」などというような聞くに堪えない脅迫的言葉が続きます。

このような脅迫的な電話を一日何十本もかけられれば、普通の人であれば皆ノイローゼになってしまいます。

（2）電報による脅迫的取立て

電報による取立ても、ヤミ金融によってよく利用されています。中には、ヤミ金融から何十通もの督促電報を打たれた債務者もいます。

電報の文言も悪質な脅迫的な文言が大半を占めています。たとえば、「もちにげはん○○さぎし××様　ハヤク　ニュウキンシナイト　オマエラ　ミウチ　ユウジン　メイワクカケルゾ　オマエラモ　アブナイカラ　キヲツケロヨ　レンラク　ハヤクシロ　フレッシュプラン」、「オマエ　ナニヤッテンダヨ　ヒトヲ　バカニ　シテイルノカ　ナンデ　デお届け台紙名『一般』
お届け日　　０５月１７日午前

サイタマケン　カワグチシ[redacted]
もちにげはん[redacted]さぎし[redacted]様

ハヤク　ニュウキンシナイト　オマエラ　ミウチ　ユウジン　メイワク　カケ
ルゾ　オマエラモ　アブナイカラ　キヲツケロヨ
レンラク　ハヤクシロ

フレッシュプラン

コード[redacted]　０５月１６日　[redacted]

お届け台紙名『一般』
お届け日　　０４月０５日午前

[redacted]市[redacted]
[redacted]ハイツ[redacted]
[redacted]様

言語道断！　地獄に落ちるべし人としての罰を受けよ

カナリア　０３　５３３８　２６５６

コード[redacted]０４月０４日[redacted]

ンワニ　デナインダヨ　イマスグ　デンワシロ　03—〇〇〇〇—〇〇〇〇」、「にゅうきんの　かくにんが　いっさい　とれません　ごにゅうきん　できなかったならば　おでんわ　一ぽん　するのが　すじじゃないでしょうか　このまま　おでんわ　いただけないのでしたら　こちらも　しゅだんを　かんがえさせて　いただきます　このまま　にげきれると　おもうのならば　にげてください　こちらも　どこまでも　おわせていただきます　とうしゃの　へいたいは　ぜんこくに　います」「言語同断！　地獄に落ちるべし　人としての罰を受けよ　カナリア」などというような電報です。

（3）FAXや手紙による脅迫的取立て

ヤミ金融業者は、FAXや手紙なども取立ての手段として利用しています。

都①業者のカナリヤは、青木雄二氏の『ナニワ金融道』の漫画を利用した取立てのFAXを債務者に送り付けて債権の回収を行っていました。

この漫画は、「〇〇物語」という題名になっていて、「〇〇」のところに債務者の名前を入れればどの債務者に対しても利用できるような漫画になっています。

漫画には、「ブラック、踏み倒し大好きな〇〇さん‼」、「〇〇さーん、早よー返済せーやボケー‼」、「この先は貴方次第‼　天国か地獄か？」などというような債務者に心理的なプレッシャーをかける文言が並んでいます。

二〇〇一年一一月二一日に都①業者のカナリヤから実際にこの漫画を利用した取立てのＦＡＸを送り付けられた愛媛県松山市の債務者Ａさんは、ＦＡＸを送り付けられた翌日の一一月二二日に自殺しています。

また、あるヤミ金融業者は、「全国消費者金融連合会回収部池袋」という名称で「自己破産を申請中の〇〇様へ」と題して、「仕事・無職　電話△△△△　携帯電話×××　御主人都営バスの運転手　借りた金は返しましょう。これは常識です。貴女のお子さんにも借りた金は踏み倒せと教育するのですか？　自己破産は立派な踏み倒しです。家庭があるのに自己破産ですか？　私は、家族の将来を考えまして、何分民事なので話し合いの余地はありますのでお電話をお待ちしています。弁護士に高額な費用を払うのは、賢明では有りません。なぜなら、弁護士も仕事ですから報酬は取りますが助けてはくれませんよ」というようなＦＡＸを送り付けて、債務者の自己破産申請を妨害し債権回収を図ろうとしています。

さらに、あるヤミ金融業者は、「金貸太野郎」という差出人名で「自己破産者詐欺師〇〇様」という宛名で債務者に対し「警告書」を手紙で送り付けています。

警告書の内容は、「貴方は、金融会社からの借入れを自己破産により抹消しようとしています。今までの自分の行動を振り返り反省するとは思えませんので、当方では今回如何なる手段を用いても生活に支障を来たさせる事を宣言致します。私共は、信頼関係の下でご融資をしていますので、法的手続き等は一切関係在りませんので悪しからず。唯一、穏便に済ます方法が有ります。貴方が反省し一度は助けて頂いたという気持ちが有るのならば、示談交渉の余地は有りますので、お早めにご連絡下さい。貴方の行動次第で明暗が分かれる事をお忘れなく」となっており、債務者の自己破産手続きを一切無視して債権回収を図ろうとしています。

ヤミ金融業者の中には、債権者の夫の勤務先にまで脅迫的な手紙を出して債権回収を図ろうとしている業者もいます。

あるヤミ金融業者は、「大変‼ 職員の方で自己破産者が」と題する手紙を債務者の夫の勤務先である営業所の所長宛に出して債務者に心理的な圧力をかけています。この手紙の中には「追伸、判断を誤る事により現在の社会情勢を考えると弱い者は淘汰される傾向が多々あるようなので身体面にご注意下さい。明日は我が身にならぬよう」と勤務先の所長をも脅迫するような文言が入っています。

[redacted]物語
A [redacted]さんブラック出てるけど大丈夫なの？
B．大丈夫です．私を信用して下さい
そちらから、借りたお金は誠心誠意
払わさせて頂きます。
A、よっしゃ!! そこまで言うなら貸したるわ。
B、ありがとうございます（涙）
A．カナリア
B・あなた。

（松山で自殺された方に送られてきたＦＡＸ）

支払い日前日

あ〜どうしよう、又、
やっちゃった、逃げるのは
慣れているけど、今度も
踏み倒し、しよ〜かな？
でも BL だし
怖いな〜

ブラック、踏み倒し大好きな

[redacted]さん!!

自己破産を申請中の[redacted]様へ

仕事・無職　電話[redacted]　携帯電話[redacted]

御主人・　都営バスの運転手

借りた金は返しましょう。これは常識です。貴女のお子さんにも　借りた金は踏み倒せと教育するのですか？

自己破産は立派な踏み倒しです。家庭があるのに、自己破産ですか？

私は、家族の将来を考えまして、何分民事なので話し合いの余地はありますのでお電話をお待ちしています。

弁護士に高額な費用を払うのは、賢明では有りません。なぜなら、弁護士も仕事ですから報酬は取りますが助けてはくれませんよ。

全国消費者金融連合会回収部　池袋

警　告　書

[redacted]

昭和[redacted]日生　職業・詐欺師　住居　千葉県[redacted]

貴方は、金融会社からの借入れを自己破産により抹消しようとしています。今までの自分の行動を振返り反省するとは思えませんので、当方では今回如何なる手段を用いても生活に支障を来たさせる事を宣言致します。

私共は、信頼関係の下でご融資をしていますので、法的手続き等は一切関係在りませんので悪しからず。

唯一、穏便に済ます方法が有ります。貴方が反省をし一度は助けて頂いたといゆう気持ちが有るのならば、示談交渉の余地は有りますので、お早めにご連絡下さい。

貴方の行動次第で明暗が分れる事をお忘れなく

平成14年3月13日

[redacted]バス

[redacted] 所長殿

TEL03-[redacted]
FAX03-[redacted]

大変!! 職員の方で自己破産者が・・

拝啓

早春の候、貴社ますますご盛栄のこととお喜び申し上げます。

平素は安全運転を心掛け、時には運転手が窓から手を出し強引な割り込みをしたり、バス停停車位置に斜め止め等やりたい放題の運転手稼業

さて、[redacted]営業所ではご存知なのでしょうか？自己破産（踏み倒し）者の妻を持ちながら平常心で人の命を預かる仕事をしている方を

千葉県[redacted]にお住まいの[redacted]ですよ！自己破産者

は妻の[redacted]s[redacted]５４歳　踏み倒し金額320万円

電話[redacted]自己破産者なのに持ち家で犬まで飼っているんですよ。

どう思われますか？対外的に所長の立場は大丈夫でしょうか？

私も踏み倒された一業者としてこのままでは踏み止まるつもりも有りません。

局長の方にも然るべき先生にお願いし圧力を掛けて頂く所存で有りますので、早急に間違えのないご決断を期待致します。

追伸、判断を誤る事により現在の社会情勢を考えると弱い者は淘汰される傾向が多々あるようなので身体面にご注意下さい。明日は我が身にならぬよう

敬具

在日中華人民共和国連合会

ます。

（4）誹謗中傷ビラ、貼り紙による取立て

ヤミ金融業者の中には、債務者の自宅や勤務先周辺に債務者を誹謗中傷するビラを大量に貼り、債務者に心理的なプレッシャーをかけて、債権回収を図ろうとしている業者もいます。

あるヤミ金融業者は、貸付けの際、債務者から入手した運転免許証の顔写真を利用して、「〇〇自動車（株）××営業所に勤務する△△は大手金融業者、中小街金業者に多額の借入を行い遊び回り再三の支払い請求にも応じず現在逃げ回っており、この様なクズ人間がタクシー乗務員のような公共な職業につき社会のモラル及び安全を危ういものとしている、よってここに糾弾する。自宅・東京都〇〇区××、会社・東京都△△区×××」というような文章と拡大した債務書の顔写真が入ったビラ数百枚を債務者の自宅周辺に貼り、債務者と債務者の家族に心理的プレッシャーをかけて債権回収を図ろうとしています。

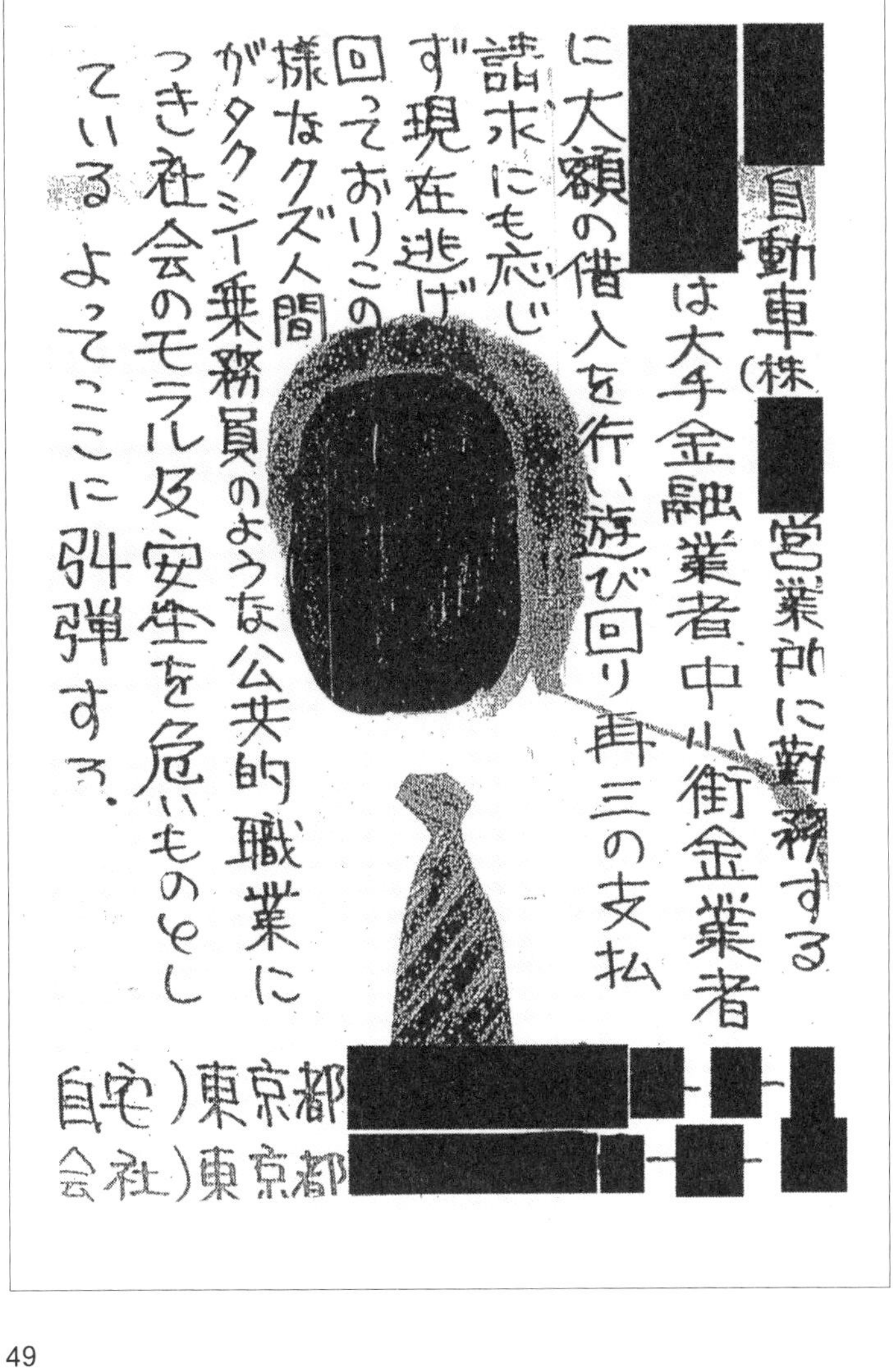
[redacted]自動車(株)[redacted]営業所に勤務する
[redacted]は大手金融業者、中小街金業者
に大額の借入を作い遊び回り再三の支払
請求にも応じ
ず現在逃げ
回っておりこの
様なクズ人間
がタクシー乗務員のような公共的職業に
つき社会のモラル及安全を危いものとし
ているよってここに糾弾する。
自宅)東京都[redacted]
会社)東京都[redacted]

ヤミ金融のA社の代表K・MはY子さん（26歳独身）に金10万円を貸付けする際、Y子さんの体に手をかけ無理矢理、衣服を脱がし胸を露出させ、コンパクトカメラでヌード写真を撮影した。（貸し付けた金10万円は胸の前！）

そして「支払わずに逃げ隠れしてみろ、200万円返しだぞ！」「うちはとことん追いかける」「うちでただ働きをさせる」「とった写真は風俗業に渡す！」などと脅迫した。

5 ヤミ金融による苛酷な取立てによる被害実例

右に述べたようなヤミ金融の非人間的な暴力的・脅迫的な取立てにより、多くの債務者やその家族が大変な恐怖や不安を感じるとともに耐え難い精神的苦痛を味わっています。ヤミ金融の暴力的・脅迫的な取立てに耐え切れず、家出や夜逃げや自殺に追い込まれる債務者も少なくありません。

前述したとおり、警察庁のまとめによれば二〇〇一年一年間における経済苦・生活苦を理由とする自殺者は過去最高の六八四五人（一日当たり一八・七人）に上っていますが、この中にはヤミ金融の暴力的・脅迫的な取立てを苦にして自殺に追い込まれた多重債務者もかなり含まれているのではないかと思われます。

また、警察庁のまとめによれば、二〇〇一年中に警察が捜索願いを受理した家出人は一〇万三一三〇人で、一九八四年以来一七年ぶりに一〇万人を越えたということです。警察に捜索願いを出されている家出人は、実際に家出・夜逃げをしている人のうちのごく一部だとも言われていますので、実際に家出や夜逃げをしている人は一〇万人よりはるかに多い人数であると考えられます。このような家出や夜逃げをしている人の中には、ヤミ金融の非人間的な苛酷な取立てに耐え切れず家出・夜逃げをした多重債務者もかなり含まれているのではないかと思われます。

次に、ヤミ金融による具体的な被害例を紹介します。

①自殺を考える――Aさん（六三歳・男性・年金生活者）のケース

千葉県に住むAさんが日本テレビのディレクターに付き添われて私の事務所（東京市民法律事務所）に相談に訪れたのは、二〇〇一年一〇月二六日のことでした。

Aさんは、二〇〇〇年二月に一一年間運転手をして勤務した運送会社を解雇され、その後失業保険の支給を受けて生活をしていましたが、二〇〇一年一月には失業保険も切れてしまいました。Aさんは、老齢厚生年金をもらっていましたが、ヤミ金融の年金担保金融業者に年金証書やキャッシュカード、銀行印などを事実上担保に取られていたため、年金も全額受領することができない状態となっていました。

Aさんは、必死になって再就職先を探しましたが、深刻な不況下で六三歳と高齢のAさんには再就職先がなかなか見つからなかったために、失業保険の支給が打ち切られた後は、クレジット・サラ金・ヤミ金融からの借金合計約六〇〇万円の返済が困難となり、業者の厳しい取立てを受けるようになりました。そして、クレジット・サラ金・ヤミ金融業者の督促・取立ては、同居している年金生活者の母親（八九歳）や兄（六七歳）にも及ぶようになりました。

母親や兄に迷惑をかけて申し訳なく思う一方で、必死で就職活動をしてもまったく仕事を見つけることのできないAさんは、前途を悲観して、二〇〇一年一〇月二二日、自殺を決意して富士山麓の青木ヶ原樹海に行ったところ、偶然自殺の名所である青木ヶ原樹海を取材にきていた日本テレビのスタッフに声をかけられ、説得されて自殺を思い止まりました。そして、この日本テレビのスタッフの中に、以前私の事務所に取材にきたことのあるディレクターがいたので、Aさんを私の事務所に連れてきたのです。

Aさんは、すぐに私の事務所で自己破産申立ての手続きを取り、平成一四年五月二二日には免責決定を受けています。また、年金担保金融業者からは、年金証書やキャッシュカード、印鑑なども取り返し、再び年金を受領できるようになっています。

②公園で二〇日間野宿――Bさん夫婦のケース

東京都内に住んでいるBさん（五六歳・男性・配管工）とBさんの妻（六八歳・女性・無職）は、収入が少なく生活苦のために夫婦ともサラ金から借金を重ねていたのですが、サラ金からの借金の返済のためにヤミ金融にも手を出すようになってしまいました。

Bさん夫婦は、すぐにヤミ金融の支払いも滞りがちとなってしまったので、自宅やBさんの勤務先に対してヤミ金融から猛烈な取立てを受けるようになりました。

このため、Bさんは、勤務先の会社において正社員からアルバイトに降格され、給料も月給から日給となってしまいました。

またBさん夫婦は、ヤミ金融の取立てがあまりにも酷いので、自宅アパートに帰れなくなり、自宅近くの公園で二〇日間近くも夫婦で野宿して生活をしていました。

Bさん夫婦は、その後自己破産申立てをして免責決定を受けたので、ヤミ金融の取立てはなくなり、現在は平穏な生活を取り戻しています。

③カプセルホテルや漫画喫茶を転々と——Cさん（五一歳・男性・会社員）

千葉県に住むCさんは、生活苦のためにサラ金から借金を重ねていましたが、二〇〇二年三月初め頃、サラ金からの借金の返済のためにヤミ金融に手を出したところ、今度はヤミ金融の借金返済のために次から次へとヤミ金融に手を出すようになり、二〇〇二年六月までのわずか約三か月の間に、ヤミ金融七五社から約八〇〇万円も借金を重ねてしまいました。このためヤミ金融より自宅や勤務先に対して厳しい取立てを受けるようになり、二〇〇二年七月には妻と離婚し、Cさんはカプセルホテルや漫画喫茶を転々としながら勤務先の会社に通う生活をしていました。

④ヤミ金融二二七社から借金二六〇〇万円――Dさん（四七歳・男性・会社員）

東京都内に住むDさんは、一九九五年に自宅土地建物を購入したのですが、一九九七年頃から住宅ローンの返済のためにサラ金からの借金を重ねるようになり、二〇〇一年五月頃からは住宅ローンやサラ金の返済のためにヤミ金融に手を出すようになってしまいました。

そして、ヤミ金融に手を出した途端に今度はヤミ金融の返済に追われるようになり、二〇〇二年五月頃までの約一年間にヤミ金融だけでもなんと二二七社から約二六〇〇万円もの借金を重ねてしまいました。

⑤辞めたくても辞められない――ヤミ金融従業員のケース

ヤミ金融の被害者は、ヤミ金融から借金をした債務者だけではありません。何も知らずに、就職情報誌や新聞の「金融・ファイナンス業」の求人広告を見てヤミ金融に就職してしまったヤミ金融の従業員の中には、辞めたくても脅されて辞めるに辞められず苦しんでいる人も多数います。

全国ヤミ金融対策会議には、暴力団系のヤミ金融に勤める従業員らから助けを求める手紙やＦＡＸが送られてきています。

Ｅさん（年齢不詳・女性）は、「早く辞めたいのですが、脅されて辞めれません。助けてください」と訴えています。

またＦさん（年齢不詳・男性）は、辞めたいといったら五時間にわたる壮絶なリンチを受け家族への報復を仄めかされたので、辞めるに辞められないと訴えています。

6 なぜ、ヤミ金融が激増しているのか
――ヤミ金融激増の背景

ヤミ金融激増の背景としては、第一に長引く不況の中で、クレジット・サラ金などから多額の借金を抱え返済困難に陥っている多重債務者や、経済不況や銀行の貸し渋りによる経営難・資金難に陥り、日栄や商工ファンドのような商工ローンに手を出す中小零細事業者が急増していることが挙げられます。ヤミ金融が融資勧誘のターゲットとしているのは、何よりもこのような多重債務者や中小零細事業者であるからです。

完全失業率や失業者数は依然として高水準を保っており（二〇〇二年七月の完全失業率は五・四％、完全失業者数は三五二万人に上っています）、返済困難に陥っている多重債務者の数は、一五〇万人とも二〇〇万人とも言われています。

また、前述したように、二〇〇一年一年間における負債額一〇〇〇万円以上の企業倒産件数は二万件に迫っており、戦後二番目の高水準となっています。帝国データバンクによれば、倒産予備軍は全国で一〇〇万社ぐらい存在し、このままデフレが続けば、ここ一、二年の間に大倒産時代が来てもおかしくないということです。

このように、現在の社会経済情勢下では、ヤミ金融のターゲット（ヤミ金融の顧客）は、増える一方なのです。

ヤミ金融激増の背景として第二に考えられるのは、ヤミ金融が短期間に莫大な利益を上げることができるということです。

これまで行われたヤミ金融の摘発報道を見ると、わずか半年間ぐらいの間にヤミ金融が数億円もの巨額の利益を上げているということがわかります。

たとえば、二〇〇一年一月二六日北海道警生活経済課と岩見沢署は、ヤミ金融業者「佐藤ファイナンシャルグループ」の四人を出資法違反（金利規制違反）容疑で逮捕しましたが、このグループは北海道をはじめ愛知や千葉など七都道府県に九店舗を展開し、官報に掲載された自己破産者にダイレクトメールを郵送し高金利貸付けを行い、二〇〇〇年六月から同年一一月の間だけで約五億円の不法金利を得ています（二〇〇一年一月二七日付 朝日新聞）。

また、二〇〇二年八月二一日北海道警生活経済課と札幌中央署は、札幌市内のヤミ金融グループ七社の経営者や店長らを出資法違反（金利規制違反）で逮捕しましたが、この七社の顧客は札幌市内を中心に延べ九五〇〇人に上り、直近の数か月間だけでも四億円近い不当利益を得ていたとみられるということです（二〇〇二年八月二一日付 北海道新聞夕刊）。

ヤミ金融激増の背景として第三に考えられるのは、ヤミ金融を取締り、監督する立場にある警察や行政の取締りや監督が極めて不十分であることが挙げられます。

ヤミ金融の被害者が必死の思いで一一〇番をしたり、地元の警察署などに相談に行っても、「民事不介入」を理由に取り合ってくれなかったり、はなはだしい場合は「借りたものは返すのが当然」と逆に説教されたというような不適切な対応が目立っています。

また、都①業者のように貸金業の登録をして合法金融の仮面をかぶっているヤミ金融業者に対しては、監督官庁である金融庁や都道府県が立入検査等を実施することにより業務停止や登録取消しなどの行政処分をすることができるにもかかわらず、行政においても十分な指導監督が行われていないのが現状です。

さらに、出資法違反（金利規制違反）や貸金業規制法違反（無登録営業）などでたまに逮捕・起訴されるヤミ金融業者も、その多くが罰金五〇万円程度か執行猶予付判決というような軽い処罰で刑事裁判が終わっているのが実状です。

短期間で莫大な利益を上げる一方で、ほとんど逮捕・摘発されることなく、稀に逮捕・摘発されても、裁判では罰金刑か執行猶予付判決の軽い処罰しか行われない現状においては、ヤミ金融はやり得であり、割のいい商売となっているのです。このため、ここ数年次々とヤミ金融業界に参入する悪質業者が増えているのです。

7 不十分な警察の取締りと行政の監督

前述したとおり、ヤミ金融を取締り、監督する立場にある警察や行政の対応が極めて不十分であるため、犯罪者集団であるヤミ金融をますます増長させ、ヤミ金融を割りに合う商売にしてしまっているのが、わが国社会の現状です。

ヤミ金融から暴力的・脅迫的取立てを受けた被害者やヤミ金融と提携する占有屋に自宅

や不動産を不法占拠されてしまった被害者が、必死の思いで一一〇番をしたり最寄りの警察署に相談に行っても、前述したように「民事不介入」を理由に取り合ってくれなかったり、はなはだしい場合は「借りたものは返すのが当然」と逆に被害者を説教するというような不適切な対応が目立ちます。

出資法違反の超高金利貸付けは、三年以下の懲役または三〇〇万円以下の罰金もしくはこれらの刑が併科される犯罪行為ですので、被害者から相談を受けた警察は犯罪行為を行っているヤミ金融業者を直ちに検挙すべきなのです。

また、ヤミ金融と提携する占有屋がたとえどのような書類を持っていたとしても、被害者（債務者）の意思に反して実力で被害者の自宅不動産を占拠してしまうことは法治国家にあっては許されないことであり、占有屋の行為は住居侵入罪や不動産侵奪罪などにあたる犯罪行為ですので、被害者から相談を受けた警察は直ちに占有屋を検挙すべきなのです。

さらに、ヤミ金融業者の中には、出資法違反（金利規制違反）以外にも、貸金業規制法違反（無登録営業・書面不交付・取立て行為規制違反など）、脅迫罪、恐喝罪、監禁罪などの犯罪行為を行っている業者も少なくありません。

ヤミ金融が激増している現状を考えれば、警察組織の中でヤミ金融問題を担当している生活経済課関係の人員や予算を大幅に増大させるとともに、警察組織全体が、一人一人の被害者の訴えを真摯に受け取め、ヤミ金融のこれらの犯罪行為を見逃さず、ヤミ金融の積極的な検挙を行っていくことが求められていると言えます。

また、前述したとおり、ヤミ金融はこれまでは貸金業の登録をせずに無登録で営業を行うまさに「闇」の業者が多かったのですが、最近では貸金業の登録をしながら出資法違反の超高金利貸付けを行うヤミ金融業者が急増しています。ヤミ金融が、公然と市民社会に進出してきているのです。

このような、ヤミ金融業者の中でも、特に目につくのが東京都知事登録の都①業者です。前述したとおり、東京都知事登録の貸金業者は現在約六八〇〇業者いますが、このうち約六五％（約四四〇〇業者）は貸金業の登録をして三年未満の更新番号が「都①」の業者であるといわれています。都①業者のうちの多くはヤミ金融業者であると思われます。

貸金業登録をしたヤミ金融業者については、監督官庁である都道府県が立入検査を行って業務停止や登録取消しなどの行政処分を行うことができます。しかしながら、登録業者の数に比較して都道府県の貸金業担当の職員の数があまりにも少ないため、立入検査や行政処分が十分に行われていないのが現状です。

ヤミ金融が全国的に激増している現状を考えれば、都道府県においても貸金業担当の職員を大幅に増員させ、積極的な指導監督を行っていくことが求められていると言えます。

2章

ヤミ金融撃退法

1 ヤミ金融の見抜き方

(1) ダイレクトメール・FAX・電話で融資勧誘

ダイレクトメールやFAX、電話などで融資勧誘を行っている金融業者は、まずヤミ金融業者か多重債務者を食い物にする紹介屋、買取屋、整理屋などの偽サラ金業者であると考えて間違いありません。

したがって、このような業者の「審査なし、即日融資」「他店借り入れ多い方でもOK」「自己破産、ブラックOK」「低利融資」などというような勧誘文句に騙されてはならず、絶対に手を出さないようにしなければなりません。

また、このようなヤミ金融業者は貸付け金利をいかにも低いように宣伝していますが、まったくでたらめですので騙されてはいけません。

出資法では、金融業者の金利が年二九・二％を超えると三年以下の懲役もしくは三〇〇万円以下の罰金またはこれらを併科すると定めていますので、ヤミ金融業者もダイレクトメールやFAXでは貸付け金利を年二九・二％以下と記載しています。中には、年八～一三％というように極めて低い金利で宣伝している業者もいますが、武富士やアコム、プロミス、アイフルのような大手サラ金業者ですら年二五～二九・二％の金利で営業していることを考えれば、ほとんど名前の知られていない金融業者が大手サラ金業者よりはるかに低い金利で営業することはあり得ないことです。

ダイレクトメールやＦＡＸ、電話などで融資勧誘を行っている金融業者は、不正に入手した多重債務者のリストをもとにしてダイレクトメールやＦＡＸ、電話などで融資勧誘を行っているのです。したがって融資勧誘を受けた人も、なぜ自分のところにまったく知らない業者からダイレクトメールやＦＡＸ、電話がくるのか疑ってみる必要があります。

（2）新聞の折込広告、公衆電話ボックスのチラシ、スポーツ新聞などで宣伝

次に、新聞の折込広告や公衆電話ボックスのチラシ、スポーツ新聞、夕刊紙、雑誌などで、「審査なし、即日融資」「借入件数多い方でもＯＫ」「低利切替一本化」などと簡単に融資が得られるかのように宣伝している金融業者も、その多くはヤミ金融業者か、多重債務者を食い物にする紹介屋・買取屋・整理屋などのような偽サラ金業者ですので、絶対に手を出さないようにしなければなりません。

チラシ・DM買取運動による貸金業者リスト

全国青年司法書士協議会（全青司）と、青年法律家協会弁護士学者合同部会が呼びかけた、ヤミ金チラシ・ＤＭ買取運動は大変な反響を呼び、総数にして６万枚にのぼるチラシとダイレクトメールが寄せられました（2002年７月28日実施）。

この成果がデータ化され、チラシ・ダイレクトメールで融資勧誘を行っている貸金業者約6000社のリストは、下記ホームページで公開されております。

全国の市民から寄せられたチラシやダイレクトメールをリストアップしたもので、すべてがヤミ金融とは断定できないものの、貸金業者の、業者名・住所・電話番号・ＦＡＸ番号・登録（登録番号）の有無などが掲載されています。

全青司ホームページに掲載
http://www.zssk.org

（3）貸金業の登録をしているが更新番号が「①」の業者

さらに最近のヤミ金融は、無登録業者ばかりでなく、貸金業の登録をして合法金融業者を装うヤミ金融業者も急増していることは前述したとおりです。

特に、貸金業の登録をして三年未満の更新番号が「①」の貸金業者は注意する必要があります。

（4）携帯番号しか連絡先がわからない業者

ガードレールや信号機、電柱などにチラシを貼って「ブラックＯＫ」「来店不要、宅配即日融資」「テレフォンキャッシング」などと宣伝して、連絡先として携帯電話番号しか記載していない業者は、ヤミ金融の一種「〇九〇金融」ですので絶対に手を出さないようにしなければなりません。

いずれにしても、ヤミ金融に手を出さざるを得ない状態に陥っている人は、すでにサラ金・クレジット・商工ローンなどから多額の債務を抱えている多重債務者や中小零細事業者であると思われますので、そのような人はヤミ金融には絶対に手を出さず、一刻も早く弁護士会などの相談窓口で相談することが大切です。

2 ヤミ金融の最大の弱点は犯罪行為を行っていること

ヤミ金融には手を出さないに越したことはないのですが、万一ヤミ金融に手を出したとしても恐れることはありません。

ヤミ金融は、電話や電報、ＦＡＸなどを利用して暴力的・脅迫的取立てを行っていますが、ヤミ金融は被害者が脅えれば脅えるほど暴力的・脅迫的取立てが効果的だと思い取立て方法をエスカレートさせてきます。

したがって、ヤミ金融に対処するには、まず被害者が強い気持ちを持って毅然とした対応をすることが大切です。

ヤミ金融の最大の弱点は、彼らが犯罪行為を行っていることです。すなわち、ヤミ金融は、貸金業の登録の有無にかかわらず、出資法の金利規制に違反する超高金利で貸付けを行っているので、三年以下の懲役もしくは三〇〇万円以下の罰金またはこれらが併科されるという犯罪行為を行っています。このため、被害者は、ヤミ金融を出資法違反で刑事告訴することができるのです。

ヤミ金融業者は、警察に逮捕・摘発されて商売ができなくなるのを恐れています。

ヤミ金融を利用してしまった被害者は、ヤミ金融から暴力的・脅迫的取立てを受けた場合でも、恐れることなく毅然として対応し、いざとなれば、警察に被害届を出したり、刑事告訴を行ってヤミ金融を撃退することができるのです。

3 毅然として対応し、警察への被害届・刑事告訴も積極的に行う

前述したとおりヤミ金融の暴力的・脅迫的取立てに対しては、毅然として対応し、警察への被害届や刑事告訴を積極的に行うことが大切です。

（1）弁護士に依頼するか、調停・個人再生手続・自己破産などの法的手続をとる

どうしてもヤミ金融の取立てが止まらないときは、ヤミ金融の債務整理を弁護士に依頼し、弁護士からヤミ金融に「介入通知」を出してもらうと、ヤミ金融の取立ては止まります。

また、被害者が調停や個人再生手続・自己破産などの申立てをしたことをヤミ金融に通知すれば、ヤミ金融の取立ては徐々に止まってきます。

貸金業規制法に関する金融庁の事務ガイドラインにより、弁護士介入後や調停・個人再生手続・自己破産申立て後の直接取立てが禁止されているからです。

（2）取立て禁止の仮処分申立て

さらに、ヤミ金融の暴力的・脅迫的取立てを止めるには、裁判所に対しヤミ金融の暴力的・脅迫的取立ての禁止を求める仮処分申請を行う方法もあります。

（3）慰謝料請求訴訟の提起

暴力的・脅迫的取立てを行ったヤミ金融業者に対しては、被害者が被った精神的苦痛に

対する慰謝料の支払いを求める損害賠償請求訴訟を提起することができます。

一九九九年に社会問題となった商工ローン業者・日栄の元社員による「腎臓売れ、肝臓売れ、目ん玉売れ」という脅迫的取立て事件では、被害者の男性が日栄を被告として慰謝料の支払いを求める損害賠償請求訴訟を提起して、日栄に二五〇万円の慰謝料を支払わせています。

(4) 監督官庁に対する行政処分の申立て

ヤミ金融業者が貸金業の登録している場合は、監督官庁(金融庁・財務局や都道府県貸金業指導係)に対し、業務停止や登録取消しを求める行政処分の申立てができます。

(5) 警察に対する被害届・刑事告訴

ヤミ金融は、すべて出資法の金利規制に違反する超高金利貸付けを行っています。また、ヤミ金融の中には、貸金業規制法違反(無登録営業・書面不交付・取立行為規制違反)行為を行っている業者も少なくありません
さらに、ヤミ金融の暴力的・脅迫的取立ては、脅迫罪、恐喝罪、暴行罪、監禁罪などに該当する場合が多いものと思われます。

したがって、ヤミ金融から暴力的・脅迫的取立てを受けた被害者は、これらの罪で警察に対し積極的に被害届や刑事告訴を行うことができます。

ヤミ金融は、警察に逮捕・摘発されることを一番恐れていますので、ヤミ金融から暴力的・脅迫的取立てを受けた被害者は、勇気を出して警察に被害届や刑事告訴を行うことが大切です。

「腎臓売れ、肝臓売れ、目ん玉売れ」というような脅迫的取立てを行った日栄の元社員は、被害者の男性が勇気を持って刑事告訴した結果、恐喝未遂罪で警視庁に逮捕され、有罪となっています。

なお、このような警察に対する被害届や刑事告訴は、交番や所轄の警察署に対し行うよりも、直接警視庁や道府県警本部の「生活経済課」または「生活保安課」に対し行う方が効果的です。

告訴状

告　訴　状

年　月　日

○○警察署　御中

東京都○○区△△1―1―1
電話　　03（○○○○）△△△△
告訴人　○　○　○　○　印
東京都××区××2―2―2
被告訴人　○○金融こと××××
電話　　03（△△△△）××××
FAX　03（△△△△）××××

告訴の趣旨

被告訴人の行為は、出資の受入れ、預り金及び金利等の取締りに関する法律第5条2項違反に該当するので、被告訴人を厳重処罰されたく告訴する。

告訴の事実

1．被告訴人は、東京都知事①第××××号として貸金業登録をなし、肩書き住所地において業として貸金業を営んでいる者である。
2．被告訴人は10日に5割の金利を支払うことを約束させて、別表記載の通り、被告訴人に対し、2002年10月1日に10万円を貸付け、告訴人から返済金として2002年10月31日までに合計25万円を受領した。
3．本件における貸付利率は、年1825％に上り、出資法第5条第2項に定める罰則金利の少なくとも約62倍にも達するものである。
4．また、被告訴人は高利の収受に関する自己の犯罪行為を隠蔽するために、告訴人に契約書や領収書を交付していないものであり、これは貸金業規制法第17条第1項、18条第1項、49条第3号に違反する行為である。
5．なお、告訴人は、呼び出しがあれば、いつでも捜査に協力するものである。

添付書類

1　名刺（利息約定の内容）
2　銀行通帳（被告訴人から振込による貸付状況）
3　利用明細表（告訴人の支払状況）

行政処分の申立書

年　月　日

東京都都知事殿

東京都○○区△△１－１－１
電話　03（○○○○）△△△△
通知人　○　○　○　○　印

行政処分の申立書

下記貸金業者につき、出資法、貸金業規制法に違反する事由がありますので、調査のうえ、行政処分をされたく、ここに申し立てます。

記

（１）該当貸金業者　名称　○○金融こと××××
　　　登録　東京都知事登録①第△△△△号
　　　住所　東京都××区××２－２－２

（２）債務者　氏名　○　○　○　○　職業　会社員　年齢　47歳
　　　住所　東京都○○区△△１－１－１　電話03（○○○○）△△△△

（３）該当理由（※該当項目に○をつける）

ⓐ 出資法違反　契約日　2002年10月1日
　　契約内容　2002年10月1日に10万円借りて10月11日に5万円、10月21日に5万円、10月31日に15万円の合計25万円を支払った。
　　貸付利率は、10日で5割（年1825％）となる。

ⓑ 違法取立（規制法21条違反）取立の日時　2002年10月15日午後11時頃から翌10月16日の午前2時まで

　㋐ 暴力的・脅迫的取立て　※具体的に：金を払わなければ殺す。家に火をつけるといわれた。
　㋑ 義務無き者への取立て　※具体的に：母親にも息子の借金を払えと脅した。
　ウ 営業・仕事への妨害行為※具体的に：
　㋓ 長時間・深夜の取立て　※具体的に：10月15日の午後11時頃に自宅に取立てにきて翌日16日午前2時頃までの間取立てを受けた。
　オ 法的手続後の請求行為　※具体的に：
　カ その他　※具体的に：

ｃ　その他
※具体的に：

添付資料

（※契約書・領収証等を添付してください）

1　名刺
2　利用明細書
3　取立てテープ

以上

4

ヤミ金融からの借金は返済義務がなく、ヤミ金融に返した金銭は不当利得として取り戻せる

ヤミ金融との債務整理の交渉にあたっては、ヤミ金融に一銭たりとも不法な利益を上げさせないという方針を堅持することが大切です。ヤミ金融に少しでも返済すると、その金銭を使ってまた超高金利で貸付け、新たな被害者を生み出すことになるからです。

「トヨン」(一〇日で四割、年一四六〇%)、「トゴ」(一〇日で五割、年一八二五%)というような出資法に違反する超高金利による貸付け行為は、公序良俗違反(民法九〇条)により無効であり、ヤミ金融から受け取った金銭は不法原因給付(民法七〇八条)となるので返還義務がありません。

また、借り主がヤミ金融に支払った金銭、あるいは少なくとも借り主がヤミ金融に支払った金銭とヤミ金融から借り主が受け取った金銭の差額は、不当利得(民法七〇三条、七〇四条)となるので返還請求ができます。

全国ヤミ金融対策会議は、ヤミ金融の債務整理に関し二〇〇二年四月二七日開催された「ヤミ金融・悪質金融被害告発！　第二回全国ヤミ金融対策実務交流集会」において右に述

債務不存在の通知書

年　月　日

○○金融　御中

東京都○○区△△１—１—１
電話　03（△△△△）××××
通知人　○　○　○　○　印

債務不存在の通知書

私は、貴社（貴殿）から貸金返還請求を受けているのですが、以下のとおり債務不存在の通知をいたします。

1　貴社（貴殿）の本件融資は、出資法５条２項の金利規制（年29.2％を超える利息の約束をしたりこれを超える利息を受領したときは３年以下の懲役もしくは300万円以下の罰金またはこれらを併科することになっています）に違反していることが明らかです。

2　本件融資は、出資法の上限金利を大幅に上回る暴利行為であり、民法90条により公序良俗違反で無効となるものです。また、貴社（貴殿）が私に対してなした金銭の給付は、民法708条により不法原因給付となるものであり、返還する義務がないものです。

3　なお、万一貴社（貴殿）が、私や私の家族、勤務先への連絡や取立てを継続されたりした場合は、貴社（貴殿）に対する刑事上、民事上の責任を厳しく追及する所存であることを申し添えます。

以上

不当利得返還請求書

年　月　日

○○金融　御中

東京都○○区△△1－1－1
電話　03(△△△△)××××
通知人　○　○　○　○　印

不当利得返還請求書

私は、貴社(貴殿)から貸金返還請求を受けているのですが、以下のとおり不当利得返還請求をいたします。

1　貴社(貴殿)の本件融資は、出資法5条2項の金利規制(年29.2％を超える利息の約束をしたりこれを超える利息を受領したときは3年以下の懲役もしくは300万円以下の罰金またはこれらを併科することになっています)に違反していることが明らかです。

2　本件融資は、出資法の上限金利を大幅に上回る暴利行為であり、民法90条により公序良俗違反で無効となるものです。また、貴社(貴殿)が私に対してなした金銭の給付は、民法708条により不法原因給付となるものであり、返還する義務がないものです。
　私が貴社(貴殿)に送金した合計金○○万円は、民法703条または704条により、貴社(貴殿)の不当利得となりますので、これを本日中に下記口座に振込送金してご返還下さいますようお願いいたします。

3　なお、万一貴社(貴殿)が、私や私の家族、勤務先への連絡や取立てを継続されたりした場合は、貴社(貴殿)に対する刑事上、民事上の責任を厳しく追及する所存であることを申し添えます。

記

振込口座　○○○銀行　□□支店
普通口座　×××××××
名義　○　○　○　○

以上

べたような方針を決議しています。

また、日本弁護士連合会の消費者問題対策委員会と公設事務所・法律相談センターが共催して二〇〇二年六月一五日に開催した「第四回多重債務者の救済事業の拡充に関する全国協議会」においても、同様の方針が確認されています。

5 ヤミ金融以外のクレジット・サラ金・商工ローンの債務整理の方法

前述したように、ヤミ金融は、すでにクレジットやサラ金から借金をしている多重債務者や商工ローンから借金をしている中小零細事業者をターゲットにして貸付けを行っています。

したがって、ヤミ金融からの借金は返還せず、ヤミ金融に支払った金銭は取り戻すという方針でヤミ金融からの借金の債務整理ができたとしても、クレジット・サラ金・商工ローンからの借金はまだ残っているので、これらの借金を整理しないと再びヤミ金融から借金することになりかねません。

クレジット・サラ金・商工ローンの債務整理の方法としては、①任意整理②調停（特定調停）③個人再生手続④自己破産の四つの方法があります。

クレジットカードのキャッシングの金利やサラ金・商工ローンの金利は、いずれも出資法の上限金利（年二九・二％）以下ですが、利息制限法の制限利息（年一五〜二〇％）以上なので、クレジット・サラ金・商工ローンの債務整理を行う上においては利息制限法が大きな武器になります。

利息制限法の制限利息を超過する利息契約は無効であり、利息制限法に関しては超過利息の元本充当を認めた最高裁判例（昭和三九年一一月一八日最高裁大法廷判決）と過払金の返還請求を認めた最高裁判例（昭和四三年一一月一三日最高裁大法廷判決）があります。

貸金業規制法四三条には、利息制限法超過利息であってもすでに利息として支払った場合は有効な利息とみなす「みなし弁済規定」がありますが、この「みなし弁済規定」が適用されるためには、債務者が利息として任意に支払ったこと、貸金業者が貸金業規制法が認める契約書面や受取証書を債務者に交付していることなど厳格な要件を充足している必要があります。多くのクレジット・サラ金・商工ローン業者は、みなし弁済規定が適用される要件を満たしていないので、債務者は利息制限法超過利息の元本充当や過払金の返還を主張することができます。

クレジット・サラ金・商工ローン業者との間の取引経過を調査した上で利息制限法に基づき引き直し計算を行うと、クレジット・サラ金・商工ローン業者の残債務は大幅に減縮されますし、取引期間が長い場合は過払金の返還請求権が生じる場合があります。

（1）任意整理・調停（特定調停）

任意整理や調停（特定調停）では、利息制限法により引き直し計算をした残債務に基づいて、債務者の支払い能力に応じて分割弁済または一括弁済の交渉を行うことになります。

任意整理は、裁判所外でこのような和解交渉を直接クレジット・サラ金・商工ローン業者と行うことになるのですが、調停（特定調停）では債務者が簡易裁判所に調停申立てをして簡易裁判所の中で調停委員のあっせんにより業者と和解交渉を行うことになります。

特定調停は、二〇〇〇年二月一七日より導入されている調停制度であり、多重債務者にとって一般の民事調停よりも利用しやすい手続となっています。

（2）個人再生手続

任意整理や調停（特定調停）では、利息制限法に基づいて引き直し計算した残元本をさ

個人再生手続の流れ

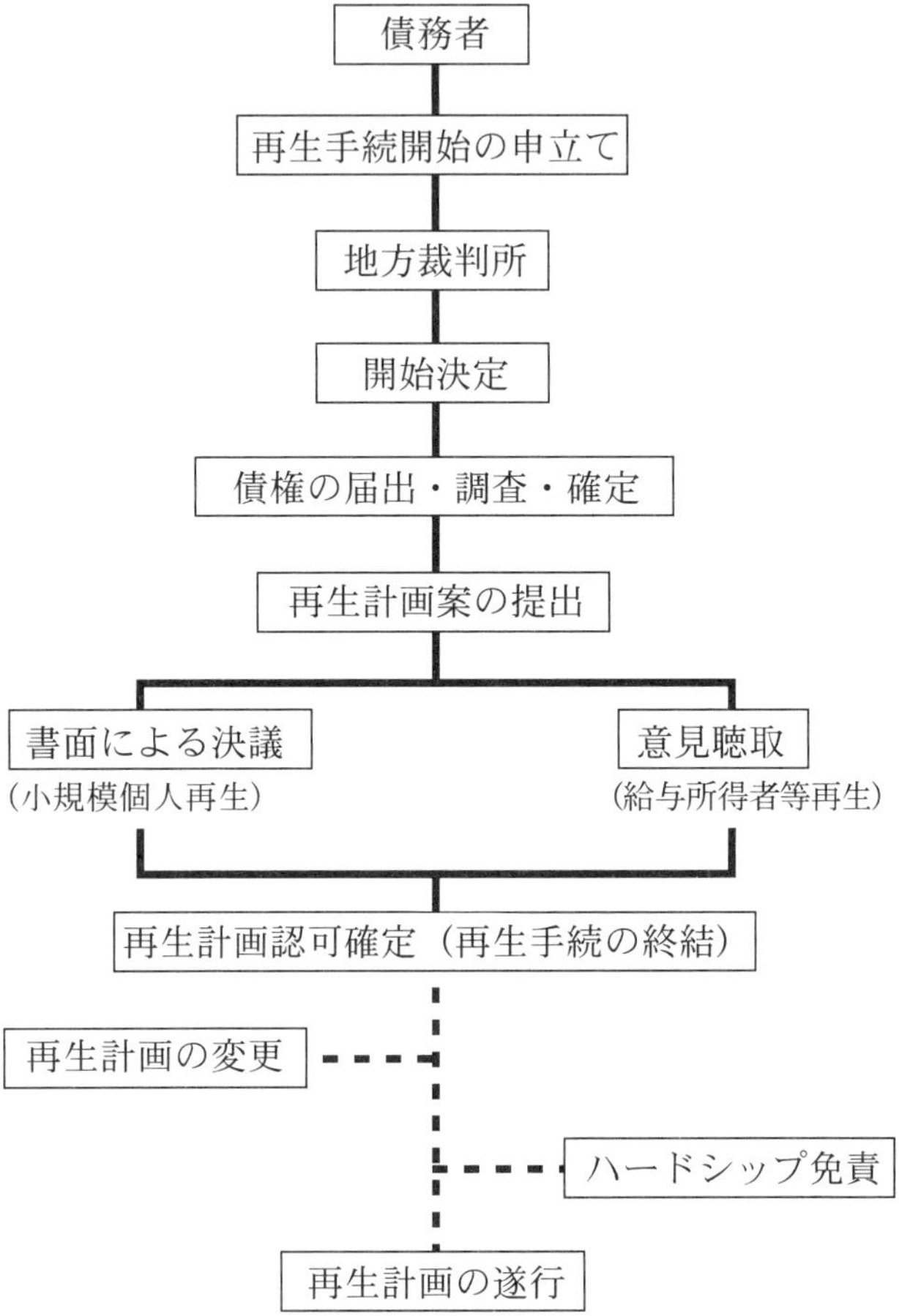
債務者
再生手続開始の申立て
地方裁判所
開始決定
債権の届出・調査・確定
再生計画案の提出
書面による決議
（小規模個人再生）
意見聴取
（給与所得者等再生）
再生計画認可確定（再生手続の終結）
再生計画の変更
ハードシップ免責
再生計画の遂行

らに一部カットすることは、一括弁済でないかぎり、多くのクレジット・サラ金・商工ローン業者は応じません。

また、分割弁済の期間があまりにも長くなるケースでは、一部のクレジット・サラ金・商工ローン業者が任意整理や調停に応じず、利息制限法に基づき計算した残元本の一括弁済を求める訴訟を提起してきて判決を取った上で給料等を差し押さえてくるので、任意整理や調停による債務整理は困難となります。

このような場合においては、残された手段としては従来は自己破産しかなかったのですが、二〇〇一年四月一日からは個人再生手続という新しい手続が導入されています。

個人再生手続は、たとえばある多重債務者の利息制限法に基づき計算した残債務が五〇〇万円である場合、このうち二〇〇万円を三年間で返済するという再生計画案を立て、この再生計画案が裁判所によって認可され、多重債務者が三年間に再生計画どおり二〇〇万円を返済すれば、残りの三〇〇万円の債務が免除されるという手続です。

多重債務者が住宅を所有している場合、自己破産では住宅を手放さざるを得なくなりますが、個人再生手続では住宅を維持しながら債務整理ができます。

また、自己破産では破産者になると一定の資格制限があるのですが、個人再生手続では、申立てをした多重債務者が破産者になるわけではないので自己破産のような資格制限はありません。

（3）自己破産

任意整理や調停も困難になるほどの多額の債務を抱えた多重債務者にも再出発の機会が与えられる最後の救済手段として、自己破産という制度があります。

破産申立ては、お金を貸している債権者からもお金を借りている債務者からも申し立てることができますが、お金を借りている債務者が申し立てる破産のことを一般的に自己破産と呼んでいます。

自己破産申立てをして破産宣告を受けただけでは、債務（借金）は免除されず、その後免責申立てをして免責決定を受けてはじめて債務が免除されます。

現在行われている個人の自己破産申立て事件では、免責申立てをした破産者の九五％近くが免責決定を受けています。

裁判所は、免責の審理の結果、破産者に破産法の定める免責不許可事由がなければ免責決定をします。

免責不許可となるのは、破産者に破産法の定める免責不許可事由がある場合ですが、破産者に免責不許可事由があっても、破産者が反省をして真面目に生活を立て直そうと努力していたり、破産者に同情すべき事由がある場合などにおいては、裁判所の裁量により免責決定がなされる場合があります。

破産法が定める免責不許可事由の主なものは、

①破産財団（破産者が破産宣告時に持っていた財産）を隠したり、壊したり、債権者に不利益に処分したような場合

②浪費やギャンブルなどによって著しく財産を減少させたり、過大な債務を負担したような場合

③クレジットカードで商品を購入し、すぐにその商品を安い値段で転売したり、質入れして現金を取得したような場合

④破産宣告前一年以内に返済不能の状態であるにもかかわらず、そういう状態ではないかのように詐術を使って債権者を信用させて借金したような場合

⑤虚偽の債権者名簿を裁判所に提出したり、裁判所に財産状態について虚偽の陳述をしたような場合

⑥免責の申立て前一〇年以内に免責を得たことがある場合

⑦破産法の定める破産者の義務に違反した場合

などとなっています。

自己破産手続の流れ

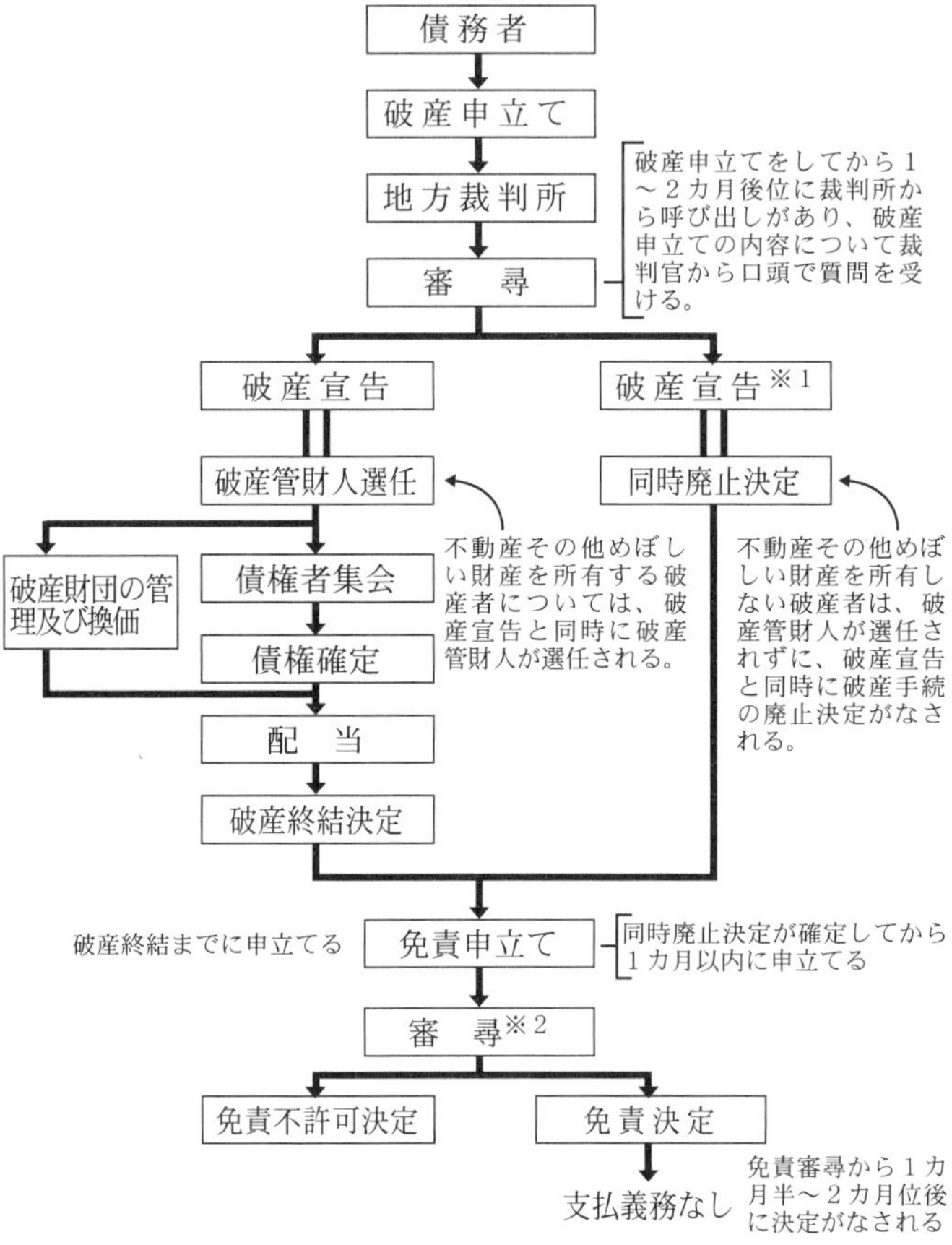
債務者
破産申立て
地方裁判所
審　尋
破産申立てをしてから1～2カ月後位に裁判所から呼び出しがあり、破産申立ての内容について裁判官から口頭で質問を受ける。
破産宣告
破産宣告※1
破産管財人選任
不動産その他めぼしい財産を所有する破産者については、破産宣告と同時に破産管財人が選任される。
同時廃止決定
不動産その他めぼしい財産を所有しない破産者は、破産管財人が選任されずに、破産宣告と同時に破産手続の廃止決定がなされる。
破産財団の管理及び換価
債権者集会
債権確定
配　当
破産終結決定
破産終結までに申立てる
免責申立て
同時廃止決定が確定してから1カ月以内に申立てる
審　尋※2
免責不許可決定
免責決定
支払義務なし
免責審尋から1カ月半～2カ月位後に決定がなされる

※1：破産申立てから1～2カ月後位に破産宣告が出される。
※2：免責申立てをしてから3～4カ月後に裁判所から呼び出しがあり免責申立ての内容について裁判官から口頭で質問を受ける。

自己破産申立てをして破産宣告を受け破産者となったことによる不利益で一番大きなものは、公法上、私法上の資格制限です。

破産者は、弁護士、公認会計士、税理士、司法書士、行政書士、公安委員会委員、公正取引委員会委員、土地建物取引業者、証券会社外務員、商品取引所会員、貸金業者、質屋、生命保険募集者、損害保険代理店、警備業者、警備員、建設業者、風俗営業者などになれませんし、すでにある資格は失われます。

また、破産者は、合名会社や合資会社の社員、株式会社や有限会社の取締役や監査役にはなれませんし(商法上の資格制限)、代理人、後見人、後見監督人、保佐人、遺言執行者などにはなれません(民法上の資格制限)。

これに対し、破産者となっても、特殊な職を除く一般的な国家公務員や地方公務員、学校教員、宗教法人の役員、医師、看護婦、古物商、建築士などは、その資格に影響はありません。

また、破産者になっても、選挙権や被選挙権などの公民権は失いません。

破産者が不動産などのめぼしい財産を所有しているために破産管財人が選任されて破産手続が行われる場合には、右に述べた資格制限の他に、破産者は、①破産宣告時に所有していた財産の管理処分権を失う、②長期の旅行や転居をする場合は裁判所の許可が必要となる、③郵便物がすべて破産管財人のところに配達され破産管財人に開封されてしまう、などの不利益があります。

しかしながら、右に述べた公法上、私法上の資格制限は、免責決定が確定すればもう破産者ではなくなりすべて解消されるので、失った資格も取得することが可能となります。

また、破産管財人が選任される場合に破産者が被る不利益（財産管理処分権の喪失、長期の旅行・転居の制限、破産管財人による郵便物の開封など）は、破産手続が終了すればすべて解消されます。

結局、免責決定確定後にも残る不利益と考えられるのは、二つだけです。

一つは、銀行やサラ金から借金したりクレジットカードの発行を受けることが、五～七年間は困難となることです。

破産宣告を受けたことが、銀行系・クレジット系・サラ金系の各個人信用情報機関に五～七年間は事故情報（ブラック情報）として登録されることになるので、この期間は銀行やクレジット・サラ金の利用が困難となるのです。

もう一つは、再び多額の借金をして自己破産申立てをしても、今後一〇年間は原則として免責決定を受けられないということです。

破産法が、免責申立て前一〇年以内に免責を受けたことがある場合を免責不許可事由の一つとしてあげているからです。

したがって、自己破産による不利益（デメリット）は、一般の人であればそれほど大きなものではありません。

このように、自己破産の不利益（デメリット）はそれほど大きなものではないのですが、まだまだ自己破産に対する誤解や偏見が多く存在します。

自己破産に対する誤解や偏見の中で一般的に多く見受けられるものは、①破産すると一生みじめな生活を送らなければならなくなるのではないか、②破産したことが戸籍や住民票に掲載され結婚や就職に支障が出てくるのではないか、③破産したことが勤務先の会社にわかってしまい会社を解雇されるのではないか、④選挙権・被選挙権などの公民権も失ってしまうのではないか、などというものです。

しかしながら、自己破産申立てをすれば破産宣告時に所有していた不動産などめぼしい財産は処分されることになりますが、破産宣告後に破産者が得た収入は、原則として破産者がすべて自由に使うことができます。したがって、破産者は、破産宣告後一生懸命働くことによって生活を立て直し再出発することできるのです。

また、破産宣告を受けても戸籍謄本や住民票に掲載されることはありませんので、破産者の家族の結婚や就職に支障があるのではないかという心配は無用です。破産宣告を受けると、破産者の本籍地の市町村役場の「破産者名簿」に掲載されますが、この「破産者名簿」は第三者が勝手に閲覧できるものではありません。破産者が免責決定を受けると、この「破産者名簿」からは抹消されます。

破産宣告を受けたことは官報で公告されますが、一般の人が官報を見ることはあまりありませんし、裁判所から破産者の勤務先会社に破産宣告の通知がなされることもありません。したがって、破産者が自ら勤務先の会社に言わない限り、一般には破産宣告を受けたことが会社にわかることがありません。万一、破産宣告を受けたことが勤務先の会社にわかったとしても、会社は破産宣告を受けたことを理由にして破産者を解雇することはできません。

さらに、破産宣告を受けても、選挙権・被選挙権などの公民権は失わないことは前述したとおりです。

6 ヤミ金融の相談窓口

クレジット・サラ金・商工ローン・ヤミ金融などから多額の借金を抱えて困っている人

のための相談先としては、次のようなところがあります。どんなに多額の借金を抱えていても、またヤミ金融からどんなに暴力的・脅迫的取立てを受けていても、解決できない問題はないので、できるだけ早めに相談してみて下さい。

(1) 弁護士会

クレジット・サラ金・商工ローン・ヤミ金融などから多額の借金を抱えて苛酷な取立てを受けたり借金返済のために借金するという自転車操業を余儀なくされている多額債務者も、弁護士に債務整理を依頼して業者に介入通知を出してもらえば、クレジット・サラ金・商工ローン・ヤミ金融の督促・取立てが止まるので、もう業者の苛酷な取立てに脅えたり自転車操業をしなくてもよくなります。

弁護士は、任意整理・調停・個人再生手続・自己破産などの方法により債務整理を行っています。

わが国には、全国で五二の弁護士会があり、二〇〇二年四月一日現在一万八八五〇人の弁護士がいます。

都道府県には少なくとも一つずつの弁護士会があり(ただし東京都には三つ、北海道には四つの弁護士会があります)、弁護士会の法律相談センターにおいては、クレジット・サラ金・商工ローン・ヤミ金融問題に関する相談を行っており弁護士の紹介も行っています。

弁護士会における法律相談の相談料は、大体三〇分五〇〇〇円（消費税は別途）であり、弁護士に債務整理を依頼する場合の弁護士費用については、各弁護士会で基準を定めていますが、多くの場合多重債務者救済の観点から通常の弁護士費用基準より低額に定められています。

全国の弁護士会の相談窓口の問い合わせ先は、巻末資料を参照して下さい。

（2）法律扶助協会

財団法人法律扶助協会における相談は無料であり、法律扶助協会は経済的余裕のない多重債務者に対しては弁護士費用の立て替えも行っています。

法律扶助協会の大半は、全国各地の弁護士会に併設されています。

全国の法律扶助協会の相談窓口の問い合わせ先は、巻末資料を参照して下さい。

（3）裁判所

自分で調停申立てや個人再生手続申立て、自己破産申立てなどをしたくとも手続がよくわからないときは、調停申立てに関しては簡易裁判所の窓口で、また個人再生手続申立てや自己破産申立てに関しては地方裁判所の窓口で相談するとアドバイスをしてもらえます。

（4）被害者の会

全国クレジット・サラ金被害者連絡協議会（略称「被連協」）は、一九八二年に結成された被害者団体で、これまで一九七八年に学者・弁護士・司法書士・消費者団体・被害者の会などが参加して結成された全国クレジット・サラ金問題対策協議会（略称「クレ・サラ対協」）とともにクレジット・サラ金被害者の救済活動やサラ金規制法の制定、消費者のための破産法の改正、刑罰金利を引き下げる出資法の改正、サラ金のテレビＣＭの中止、ヤミ金融の撲滅などを求める運動を行ってきている団体です。

二〇〇二年九月二四日現在被連協に加盟する「被害者の会」は、三二都道府県六七団体となっています。

被害者の会では、多重債務者自身が調停申立てをしたり個人再生手続申立て、自己破産申立てをする場合のアドバイスやバックアップを行ったり、多重債務者が生活を立て直していく上でのアドバイスを行っています。また、被害者の会では、弁護士会などの相談窓口の紹介も行っています。

被害者の会の相談料は、無料です。

被連協に加盟する全国の被害者の会の問い合わせ先は、巻末資料を参照して下さい。

なお、このところ被連協に加盟する被害者の会とよく似た名称を使用し、スポーツ新聞や夕刊紙、新聞の折込広告、投げ込みチラシ、ダイレクトメール、インターネットなどで広告宣伝して多重債務者を集めて提携弁護士の事務所に送り込み、提携弁護士の事務所から紹介料を受け取っている紹介屋・整理屋グループが横行しているので注意が必要です。

紹介屋・整理屋グループは、被害者の会と似たような名称を使ったり、ＮＰＯ（特定非営利法人）の認証を得たりしていますが、独自活動はまったく行っておらず、もっぱら多重債務者を集めて提携弁護士の事務所に送り込み不法な利益を上げるという弁護士法違反の犯罪行為を行っている集団です。

3章

ヤミ金融被害を根絶するために

1　全国ヤミ金融対策会議の結成

明らかに犯罪行為を行っているヤミ金融が激増し跳梁跋扈（ちょうりょうばっこ）しているわが国社会は、まともな法治国家とはとても言えない状態となっています。

法の支配を確立し法治国家としての実質を備えるためにも、断固としてわが国社会からヤミ金融を排除・根絶する必要があります。

また、商工ローン問題を契機として二〇〇〇年六月一日より出資法の上限金利が年四〇・〇〇四％より年二九・二％に引き下げられましたが、このままヤミ金融が放置されるならば、出資法の上限金利引き下げの意味がまったくなくなってしまうことになります。

二〇〇〇年一二月一四日、ヤミ金融被害の根絶を目指して、全国の弁護士、司法書士、被害者の会などにより「全国ヤミ金融対策会議」（代表幹事　弁護士宇都宮健児、事務所　東京都中央区銀座六―一二―一五　西山ビル七階　東京市民法律事務所内　電話〇三―三五七一―六〇五一、ＦＡＸ〇三―三五七一―九三七九）が結成されました。

全国ヤミ金融対策会議は、警察庁や東京都に対しヤミ金融の徹底した取締りや指導監督を強く要請するとともに、これまでに四回にわたり「ヤミ金融一一〇番」と「ヤミ金融全国一斉刑事告発」を実施しています。

特に、全国ヤミ金融対策会議が、全国青年司法書士協議会、全国クレジット・サラ金問題対策協議会、全国クレジット・サラ金被害者連絡協議会、クレジット・サラ金・商工ローンの高金利引き下げを求める全国連絡会などと共同して二〇〇二年九月二〇日に実施した第四回目のヤミ金融全国一斉集団告発では、全国一八都道府県において過去最多の合計二〇一三業者の刑事告発を行っています。

この他、全国ヤミ金融対策会議では、「全国ヤミ金融対策実務交流集会」を開催し、ヤミ金融対策について全国的な経験交流を行ってきています。そして、ヤミ金融対策についての全国の経験をもとめた『ヤミ金融対策マニュアル』を二〇〇一年八月二八日に、また同マニュアルの『改訂版』を二〇〇二年七月二七日に発行しています。

ヤミ金融問題に関しては、クレジット・サラ金・商工ローンの高金利引き下げを求める全国連絡会も、二〇〇一年一〇月九日と二〇〇二年四月二四日の二度にわたり、警察庁に対し、ヤミ金融の徹底的な摘発を求める署名（合計一一万二七〇〇名分）を提出し、ヤミ金融の徹底取締りを要請しています。

また、日本弁護士連合会は、二〇〇一年三月一四日、警察庁に対し、ヤミ金融業者の集中的取締りを求める要請書を提出するとともに、同年八月二八日、暴力金融・ヤミ金融問題を主要なテーマとする民事介入暴力対策秋田大会協議会を開催しています。

2 求められている警察の取締り強化

全国ヤミ金融対策会議によるヤミ金融被害告発運動や警察によるヤミ金融取締り強化を求める世論が広がる中で、警察庁生活安全局は、二〇〇一年七月、各管区警察局および各都道府県警に対し、ヤミ金融の積極的な取締りを求める「金融事犯に対する取締りの推進について」という通達を出しています。

また、二〇〇二年四月二四日に開催された衆議院内閣委員会において、警察庁黒澤正和生活安全局長は、「国民からヤミ金融に関する相談や届出があった場合には、犯罪等によることが明らかでないものであっても、刑罰法令に仮に抵触しない事案であっても、個々の事案に応じていろいろな指導をしたり警告をするなど適切な措置を講じるよう第一線を指導している」「刑罰法令に抵触する事案については、迅速かつ的確な捜査を行うよう指導している」と答弁しています。

しかしながら、全国ヤミ金融対策会議には、ヤミ金融の被害者が必死の思いで、一一〇番したり地元の警察署に行って警察官に相談したが、「民事不介入」を理由に取り合ってくれなかった、「借りたものは返すのが当然」と逆に説教された、はなはだしい場合は警察官立会いのもとにヤミ金融が請求している金額全額を支払わされたというような苦情が、まだまだ多数寄せられているのが現状です。

確かに警察はこのところ少しずつヤミ金融に対する取締りを強めてきており、二〇〇一年における警察による高金利事犯の検挙事件数は一六七件、検挙人員は三六二人と、いずれも過去一〇年間の中で最高となっているのですが、現在でも数万のヤミ金融業者が存在し、その数が年々激増していることを考えれば、警察の取締りはまだまだ不十分であるといわねばなりません。

警察組織の中でヤミ金融の取締りを行っているのは、生活経済課や生活保安課などと呼ばれているところなのですが、ヤミ金融の取締り強化のためには、このような部署を担当する人員や予算を大幅に拡大する必要があります。

また、ヤミ金融が全国的に激増し、ヤミ金融被害がますます深刻化してきている現状を考えれば、ヤミ金融の取締りを生活経済課や生活保安課だけの担当とするのではなく、警察組織全体が取り組むべき課題の一つとして全警察官に徹底させる必要があると考えます。

警察による金融事犯の取締りの状況

（警察庁生活安全局生活環境生活経済対策室『平成13年中における生活経済事犯の取締状況について』より）

（1）金融事犯の最近5年間における検挙状況

＊H 13年をH 12年と対比すると、事件数は22％増、人員は9％増

＊H 13年は事件数・人員とも過去10年間で最高である。

年　別	H 09	H 10	H 11	H 12	H 13
検挙事件数	142	176	162	177	216
うち高金利事犯	89	124	113	115	167
検挙人員	353	371	346	494	540
うち高金利事犯	202	264	251	241	362

（2）事犯別の検挙状況

事犯別	事件数（※注）	検挙人員（うち逮捕）	被害人員	被害額等
無登録事犯	99 (44)	3法人219人 (162)	21,135人	46億8900万円
うち高金利事犯	80 (33)	3法人194人 (143)	20,752人	38億0100万円
高金利事犯	87 (12)	3法人168人 (97)	26,229人	33億6500万円
紹介屋詐欺事犯	11	108人 (73)	31,959人	105億7100万円
その他	19 (4)	4法人45人 (20)	16,492人	275億7700万円
計	216 (60)	10法人540人 (352)	95,815人	462億0210万円

※注1）事件数欄の（　）の数字は暴力団関与事件数である。

※注2）事犯区分の「その他」とは、貸金業規制法違反（取立行為、書面不交付、不正登録等）、出資法違反（媒介手数料制限）等が含まれる。

＊高金利及び無登録事犯が金融事犯全体に占める比率は、検挙事件数で86％、人員で72％である。

＊H 13年における高金利及び無登録事犯の検挙数は、H 12年と比較して事件数で30％増、人員で41％増である。

＊暴力団が関与する事犯の占める比率は、検挙事件数で28％、人員で25％である。

これらの統計は、警察庁のホームページで公表されている

検察庁による金融事犯の起訴の状況

（法務省『検察統計年報』より）

（1）全国検察庁の被疑事件の既済人員―出資法違反事件

		平成10年	平成11年	平成12年
起訴	公判請求	119	98	141
	略式命令請求	109	121	112
	計	228	219	253
不起訴	起訴猶予	78	57	45
	嫌疑不十分	2	2	3
	嫌疑なし	0	0	0
	罪とならず	0	0	0
	その他	2	0	1
	計	82	59	49
その他（他庁送致等）		114	132	120
総計		424	410	422

（2）全国検察庁の被疑事件の既済人員―貸金業規制法違反事件

		平成10年	平成11年	平成12年
起訴	公判請求	29	42	24
	略式命令請求	80	45	39
	計	109	87	63
不起訴	起訴猶予	23	19	36
	嫌疑不十分	1	7	10
	嫌疑なし	0	0	0
	罪とならず	0	0	0
	その他	0	0	0
	計	24	26	46
その他（他庁送致等）		85	50	47
総計		218	163	156

刑事裁判所による出資法違反事件の処罰の状況

（最高裁判所『司法統計年報・刑事編』より）

（１）全地方裁判所の通常第１審の有罪（懲役・禁固）人員

出資法違反事件

	平成11年		平成12年	
刑期区分	実刑	執行猶予	実刑	執行猶予
２年以上	2	4	0	1
１年以上	3	19	3	19
６月以上	1	14	1	11
６月未満	0	0	0	1
小計	6	37	4	32
有期懲役人員総計	43		36	

（２）全地方裁判所の通常第１審事件の有罪（罰金）人員

出資法違反事件

	平成11年	平成12年
100万円以上	2	2
50万円以上	2	
30万円以上	1	
20万円以上		
10万円以上		
計	5	2

※注）略式命令で罰金を科された人員は統計では示されていない。

3 行政の指導監督の強化も必要

もともとヤミ金融は、貸金業の登録をせずに無登録で営業を行う、まさに「闇」の業者が多かったのですが、前述したとおりこのところ貸金業の登録をしながら出資法の金利規制に違反する超高金利で貸付けを行うヤミ金融が急増しています。

ヤミ金融がわざわざ貸金業の登録をする一番大きな理由は、スポーツ新聞や夕刊紙、新聞の折込広告、雑誌などに広告を出しやすくするためです。これらの広告媒体においては、多くの場合貸金業の登録をしていることが広告掲載の基準となっているからです。

前述したように登録業者の中でも、特に目につくのが前述したとおり「都①業者」(トイチ業者)です。東京都知事登録の貸金業者は現在約六八〇〇業者ですが、このうち約六五%(約四四二〇業者)は都①業者であるといわれており、都①業者の大半は紹介屋・買取屋などの偽サラ金業者やヤミ金融業者であると考えられます。

最近では、都①業者の他にも、道府県で貸金業の登録をした「道府県①業者」のヤミ金融も徐々に増えつつあります。

貸金業の登録をした「都道府県①業者」が出資法違反の超高金利貸付けを行っている場合は、都道府県知事は、出資法違反や貸金業規制法違反（契約書面・受取証書の不交付、取立て行為規制違反など）を理由として、業務停止や登録取消しなどの行政処分とすることができます。

しかしながら、貸金業の登録をして合法金融の仮面をかぶるヤミ金融業者が急増しているにもかかわらず、これまでは監督官庁である金融庁や都道府県知事による立入り検査や業務停止・登録取消しなどの行政処分が十分に行われてきませんでした。

全国ヤミ金融対策会議などによるヤミ金融被害告発運動が広がりヤミ金融の取締りを求める世論が高まる中で、ヤミ金融の登録業者が集中している東京都においては、ここにきて、ヤミ金融に対する対策を改善してきています。

東京都は、東京都知事登録業者に関する全国各地からの問い合わせに対応するために、二〇〇一年一二月よりインターネットのホームページで貸金業者の登録番号・業者名・登録住所・電話番号・代表者の氏名・住所・電話番号が一覧できるようにしています。

東京都庁　電話〇三―五三二一―一一一一
ホームページ　http://www.sangyo-rodo.metro.tokyo.jp/kashikin/index2.htm

また、東京都においては、二〇〇二年度より金融課の貸金業指導係の担当職員を一〇人増員するとともに、二〇〇二年六月一一日に開催された第二回都議会定例会における都知事所信表明において、石原都知事が、「悪質な貸金業者を集中的に摘発し、業務停止など大規模な行政処分を行う方針」を明らかにしています。

そして、この都知事の所信表明を受けて、東京都は、二〇〇二年六月から同年八月までの三か月間で、八件七業者の行政処分（登録取消し五件、業務停止三件）を行っています。行政処分が行われたのは、ヤミ金融業者「トータルプランニングサポート」「ダイヤファイナンス」「ユウユウクレジット」「レッスル」「おじぞうクレジット」「ヒノキ」「パレット」の七業者です。

東京都が貸金業者の行政処分を行ったのは、実に一九八四年以来で一八年ぶりということです。

また、東京都議会でもヤミ金融問題が取り上げられ、東京都議会は、二〇〇二年三月二八日、①現行法の登録制度から営業許可制度に改正し貸金業に対する規制を強化すること、②業務改善命令制度を創設すること、③営業保証金制度を創設することなどを内容とする「貸金業の規制等に関する法律の改正に関する意見書」を採択し、衆参両議院長、内閣総理大臣、総務大臣、法務大臣、金融担当大臣あてに提出しています。

貸金業の登録をするヤミ金融が急増している現状を考えれば、東京都以外の道府県においても貸金業者に対する指導監督体制の強化改善が求められているといえます。

4 緊急ヤミ金融対策立法の必要性

ヤミ金融被害を根絶するためには、警察による取締り行政による指導監督を強化するだけでなく、法改正や新たな立法も求められています。

このところ貸金業の登録をするヤミ金融が急増していますが、都道府県知事登録の場合、前述したように、現状では四万三〇〇〇円の登録手数料さえ支払えば、貸金業規制法六条の登録拒否事由に該当しない限り誰でも簡単に登録することができる手続となっています。

ヤミ金融のような悪質貸金業者による超高金利貸付けや苛酷な取立てにより、事業破綻、倒産、家庭崩壊、夜逃げ、自殺などが多発している現状を考えれば、貸金業規制法上の開業規制を強化するために営業保証金制度を創設する（たとえば、貸金業者は主たる事務所については一〇〇〇万円、従たる事務所については一事務所について五〇〇万円の営業保証金を積まなければ営業を開始できないようにする）という貸金業規制法の改正が求められています。

また、ヤミ金融が短期間に数億円もの巨額の利益を上げているにもかかわらず、現行の出資法違反や貸金業規制法違反の刑罰（現在の最高刑は、三年以下の懲役もしくは三〇〇万円以下の罰金またはこれらが併科されるというものです）はあまりにも軽すぎ、ヤミ金融の抑止効果がありません。

そこで、出資法違反や貸金業規制法違反の刑罰を大幅に重くする（たとえば出資法違反・貸金業規制法違反の最高刑を一〇年以下の懲役もしくは一〇億円以下の罰金またはこれらが併科されるものとする）法改正が求められています。

さらに、出資法の金利規制に違反する超高金利貸付けは公序良俗違反で無効であり受領した金銭は返還義務がないこと、借り主が支払った金銭は全額不当利得として返還請求権があることなどを明確にするような立法措置も緊急のヤミ金融対策としては効果的であると考えられます。

5 社会保障制度の充実を

わが国は、先進国といわれている国の中では社会保障制度が非常に貧しい国です。日本弁護士連合会の消費者問題対策委員会が二〇〇〇年七月に実施した全国四八都道府県五〇地方裁判所における破産申立て事件確定記録調査によれば、生活苦・低所得、病気・医療費、失業・転職、給料の減少などが破産理由の中で大きな割合を占めています。

わが国の社会保障制度が充実していれば、高金利のサラ金・クレジット・ヤミ金融などを利用する必要がなくなり、多重債務者に陥る危険性もなくなります。

また、このところ自己破産者をターゲットとするヤミ金融が急増していますが、自己破産者がなぜヤミ金融に手を出すのかというと、自己破産者は裁判所で免責決定を受けることによりそれまでの多重債務からは解放されますが、免責決定を受けただけでは多重債務者に陥った根本原因が解決されるわけではないからです。

すなわち、多重債務者が自己破産申立てをして免責決定を受けても、それだけでは破産原因となった生活苦・低所得、病気、失業などの問題が解決され、収入が増え生活が楽になるとか病気が治るとか就職ができるということではないのです。

自己破産しても相変わらず低所得・病気・失業などで生活が苦しいままの人は、一般のサラ金やクレジットは利用が困難になりますので、ヤミ金融の融資勧誘につい手を出してしまうことになります。

このような事態を改善するには、どうしてもわが国の社会保障制度をもっともっと充実させる必要があります。

6 一人一人の被害者の勇気ある告発が世論を動かす

警察によるヤミ金融の取締り強化、行政によるヤミ金融の指導監督の強化、ヤミ金融対策法の立法化などを実現させていく上において何よりも大切なことは、ヤミ金融被害の根絶やヤミ金融の撲滅を求める世論を大きくしていくことです。

そして、ヤミ金融被害の根絶・ヤミ金融撲滅を求める世論を大きくする上において決定的に重要なのは、ヤミ金融被害者の勇気ある告発です。

ヤミ金融の超高金利貸付けや暴力的・脅迫的取立ての実態を一番よく知っている被害者

の告発こそが、深刻なヤミ金融被害の実態を最もよく明らかにすることができ、世論に訴えることができるからです。

「腎臓売れ、肝臓売れ、目ん玉売れ」という日栄元社員による脅迫的取立ては、マスコミの商工ローン批判報道に火をつけ、一九九九年秋の臨時国会において、日栄の松田社長や商工ファンドの大島社長の参考人招致と証人喚問を実現させ出資法や貸金業規制法の改正が行われる大きな契機となりました。

この日栄元社員による「腎臓売れ、肝臓売れ、目ん玉売れ」という脅迫的取立ては、保証人となっていた被害者の男性（六二歳、年金生活者）が勇気を持って日栄元社員による衝撃的な取立てテープをマスコミに公開し、日栄と元社員を告発したことにより明らかになったものです。

ヤミ金融は、日栄をはるかに上回る暴力的・脅迫的取立てを行っています。

ヤミ金融の被害者の一人一人が、泣き寝入りしないで、またヤミ金融の脅しに屈しないで、勇気を持って立ち上がりヤミ金融を告発していけば、ヤミ金融撲滅の世論が大きくなり、国や自治体、警察などを動かしてそう遠くない時期にヤミ金融を根絶できるものと確信します。

資料編

資料１　全国ヤミ金融対策会議の活動経過とヤミ金融関連の動き

資料２　決議・要請書

①日本弁護士会連合会の警察庁に対する要請書

②都知事登録サラ金業者等への適切な指導を求める要望書

③日掛け金融・ヤミ金融に対する厳正な取締りを求める決議

④悪質金融業者の取締り等を求める請願書

⑤ヤミ金の撲滅を目指す決議

⑥ヤミ金融被害根絶を目指す決議

⑦水谷司法書士に対するヤミ金融業者の卑劣な業務妨害・脅迫行為を糾弾するとともに、業者の早期摘発を求める決議

⑧ヤミ金融対策法の緊急立法を求める決議

資料３　貸金業の規制等に関する法律の改正に関する東京都議会意見書

資料４　衆議院内閣委員会議事録（抜粋）

資料５　関連法規（抜粋）

①出資法（出資の受入れ、預り金及び金利等の取締りに関する法律）〈抜粋〉

②貸金業規制法（貸金業の規制等に関する法律）〈抜粋〉

③「貸金業規制法」に関する金融庁の事務ガイドライン〈抜粋〉

④利息制限法

資料６　ヤミ金融関連の新聞記事・社説

資料７　裁判例

①金銭消費貸借契約の無効、不法原因給付、既払金返還及び損害賠償

②金銭消費貸借契約の無効、不法原因給付、過払金返還請求

③金銭消費貸借契約の無効、不法原因給付

④建物賃貸借契約の無効

⑤家具リース（民事）

資料８　法律相談窓口

①弁護士会の全国の相談窓口・一覧

②法律扶助協会の相談窓口・一覧

③全国の地方裁判所一覧

④都道府県の貸金業担当部課係

⑤金融庁および財務局一覧

資料９　全国クレジット・サラ金被害者連絡協議会相談窓口一覧

	その他ヤミ金融問題をめぐる動き
03.14	日弁連が警察庁に対しヤミ金融業者に対する集中的かつ徹底的な取締りを求める要請書を提出
07.06	警察庁生活安全局の各管区警察局及び各都道府県警に対するヤミ金融の積極的な取締りに関する通達
10.09	警察庁へヤミ金融の徹底的な摘発を求める署名提出(高金利引下げ全国連絡会)
03.28	東京都都議会が営業保証金制度の創設などを内容とする「貸金業規制等に関する法律の改正に関する意見書」衆参両院議長、内閣総理大臣、総務大臣、法務大臣、金融担当大臣宛に提出
04.24	衆議院内閣委員会における黒澤正和警察庁生活安全局長のヤミ金融問題に関する答弁 「相談や届出があれば犯罪等によることが明らかでないものであっても、刑罰法令に抵触しない事案であっても、個々の事案に応じていろんな指導をしたり警告をするなど、適切な措置を講じるよう第一線を指導する。」
04.26	警察庁へヤミ金融の徹底的な摘発を求める署名提出(高金利引下げ全国連絡会)
06.11	石原都知事、2002年第2回都議会定例会における所信表明において、悪質な金融業者を集中的に摘発し、業務停止など大規模な行政処置を行う方針を明らかにする
06.18	東京都がヤミ金融業者「トータルプランニングサポート」に対し90日間の業務停止命令(1984年以来の行政処分)
08.05	東京都がヤミ金融業者「ダイヤファイナンス」「ユウユウクレジット」の登録取消し、「レッスル」に対し120日間の業務停止命令
08.20	東京都がヤミ金融業者「おじぞうクレジット」「ヒノキ」「トータルプランニングサポート」の登録取消し、「パレット」に対し180日間の業務停止命令

電話　03-3571-6051　ＦＡＸ　03-3571-9379

資料1　全国ヤミ金融対策会議の活動経過とヤミ金融関連の動き

		全国ヤミ金融対策会議の活動
2000年(H12)	12.08	第1回ヤミ金融110番(全国ヤミ金融対策会議結成準備会主催)
	12.14	全国ヤミ金融対策会議結成
2001年(H13)	02.28	第1回全国一斉刑事告発
	04.09	都庁要請(クレサラ対協、被連協と共同要請)
	05.25	第2回全国一斉刑事告発
	05.30	第2回ヤミ金融110番
	06.21	警察庁要請(日掛け金融対策全国弁護団と共同要請)
	08.28	「ヤミ金融対策マニュアル」発行
	11.30～12.01	第3回ヤミ金融100番
	12.13	東京都議会へ「悪質金融業者の取締等を求める請願書」提出
	12.15	第1回全国ヤミ金融対策実務交流集会(東京)
	12.18	第3回全国一斉刑事告発
2002年(H14)	04.27	第2回全国ヤミ金融対策実務交流集会(東京)
	07.12～13	第4回ヤミ金融100番
	07.27	「ヤミ金融対策マニュアル改訂版」発行 第3回全国ヤミ金融対策実務交流集会(青森)
	09.20	第4回全国一斉集団刑事告発(18都道府県、2013業者を一斉刑事告発)
	10.04	東京都へヤミ金融業者430業者の行政処分の申立
	10.05	第4回全国ヤミ金融対策実務交流集会(熊本)

全国ヤミ金融対策会議 事務局の連絡先
〒104-0061　東京都中央区銀座6 -12-15　西山ビル7F　東京市民法律事務所内

資料２　決議・要請書

①日本弁護士会連合会の警察庁に対する要請書

日弁連総第103号
2001（平成13）年３月14日

警察庁
長官　田中　節夫　殿

日本弁護士連合会
会長　久保井　一匡

要請書

平成12年６月１日から出資法の罰則金利は年29．２%に引き下げられた。にもかかわらず、近年、「10日で２割、３割」という超高金利で貸金業を営む「ヤミ金融」による被害が多発している。ここにいうヤミ金融とは、貸金業の登録の有無を問わず、またいかなる取引形態を仮装しようとも、出資法の金利規制に違反する高金利で貸金業を営む金融業者すべてを意味する。

近年のヤミ金融は、ダイレクトメールを発送したりスポーツ新聞等に広告を掲載して一時に多数の顧客を勧誘し、さらに、手形・小切手を振り出させて遠隔地の顧客から高利を収受するなど、被害を広範化・広域化させる傾向を示している。

ヤミ金融から借り入れをした消費者や中小零細事業者らは、超高金利の負担によってその経済生活を破綻させられるとともに、暴力的・脅迫的で頻繁な取立てに追い詰められ、家庭生活や職業活動の平穏を侵害されるという被害に遭っている。

罰則金利の数十倍もの暴利を貪る行為は、明らかに犯罪行為である。ヤミ金融は、刑罰法規さえも無視し、法秩序を侵犯するものである。にもかかわらず、ヤミ金融の被害者が地元の警察署などに相談に行っても、「民事不介入」を理由にとりあってくれないとか、甚だしくは「借りたものは返すのが当然」と警察官に言われたとか、現場の警察官が不適切な対応をしている例も少なくない。

そこで当連合会は、御庁に対し、ヤミ金融業者に対する集中的かつ徹底的な取り締まりを要請する次第である。

②都知事登録サラ金業者等への適切な指導を求める要望書

2001年4月9日

東京都知事 石原慎太郎 殿

全国クレジット・サラ金問題対策協議会
全国クレジット・サラ金被害者連絡協議会
全国ヤミ金融対策会議

現在、消費者や中小商工業者のすくなくない人々が、クレジット・サラ金・商工ローンなど高利金融からの借り入れにより多重債務に陥り、支払不能によって自殺・家庭崩壊・夜逃げ・倒産・破産などに追い込まれています。破産予備軍は100万人とも200万人とも言われ、2000年中の破産申立件数は14万5856件を数えています。

このような中で、多重債務者を食い物にした被害が後を絶ちません。新聞の折込広告・スポーツ新聞・雑誌・ダイレクトメール・電話ボックス内のチラシなどのサラ金広告の少なくないものに紹介屋や整理屋・買取屋などの偽サラ金業者、出資法違反の超高金利で貸付を行うヤミ金融などがあり、全国でそれらの被害が続出しています。またこのところ「年金立替」「年金融資」をうたうサラ金の違法広告も目立ってきています。

このような被害を生み出す偽サラ金業者・ヤミ金融業者の大半は、あろうことか東京都知事登録を看板に掲げており、いわゆる都(1)業者と言われています。

私たちはこのような相談を受ける度に、東京都金融課や警視庁に行政処分や取締りを求めてきましたが、それら被害は減少するどころか増大しているようにしか思えてなりません。偽サラ金業者・ヤミ金融業者にとって、都知事登録は「打出の小槌」のような存在になっており、他方で、それら二次被害を予防できない行政は、機能不全状態に陥っていると言われても過言ではないと思います。

以上のことから、私たちは御庁にたいして次のように要望します。

1、貸金業規制法にある監督業務を徹底し、偽サラ金業者・ヤミ金融業者を登録させないこと。

2、偽サラ金業者・ヤミ金融業者と判明したら、直ちに処分を課すること、及び刑事告発を行うこと。

3、東京都貸金業協会や広告業界などと連携を取りながら、違法広告を一掃すること。

4、上記実現のために、担当職員を抜本的に増やすこと。

以上

③日掛け金融・ヤミ金融に対する厳正な取締りを求める決議

本日、私たちは、広島県立総合体育館大会議室において、「日掛け金融・ヤミ金融の被害をうったえる市民集会」を開催した。

ここでは、まず日掛け金融について、法改正前後には一旦悪質な取立が減少したものの、最近再度悪質取立の事例が目立つこと、保証委託や媒介などの形態での脱法金利取得の事例が増加したこと、給料仮差押えなど法的手段を駆使した取立が増加していることなどが報告された。

ヤミ金融については、被害が全国的に広がり、10日で1割、2割に止まらず、3日に1割、1日1割といった高金利の事例も見られること、車・家財道具のリースの形態を取ったり、年金を担保とするヤミ金融が増えたこと、悪質な取立の事例も後を絶たないことなどが報告された。

しかし、集会参加者が最も問題と感じている点として、数多くの意見が出されたのは、日掛け金融・ヤミ金融に対する警察、行政の取締りが不十分であるという点であった。警察に対して被害を申告しても「民事不介入」として取り合ってもらえなかったり、告訴しても迅速に処理してもらえず、その間に業者が消滅・行方不明になってしまったというような事例、監督官庁に苦情を申し立てても迅速に業者に指導してもらえなかったり、ヤミ金融については警察の問題であるとして取り合ってもらえなかったというような事例が多数報告された。

出資法違反は、経済・金融秩序を破壊し、被害者の生活を破綻させて自殺や犯罪を招く重大犯罪であり、違法取立は貸金業規制法のみならず、恐喝・監禁・住居侵入といった刑法犯にも該当するものであるから、決して民事の問題などではない。また監督官庁は貸金業規制法を所管する官庁である以上、登録貸金業者の貸付金利・貸付形態について厳重な監視・監督を行うほか、無登録業者の情報を得た場合は、調査のうえ告発する義務を負っているというべきである。警察や監督官庁が、日掛け金融の違法行為・脱法行為を見逃し、ヤミ金融の全国的な被害の拡大を放置するならば、経済的混乱を招くばかりか、日本社会全体の遵法精神の低下が起こりかねない。

そこで、私たちは、

1、警察に対しては、日掛け金融・ヤミ金融の違法・脱法行為に対する迅速かつ徹底した取締り・厳重な処分と、被害を訴える市民に対する懇切・丁寧な苦情受け付け態勢の整備を求める。

2、監督官庁に対しては、違反行為を行う日掛け金融や出資法違反の貸付をする登録ヤミ金融業者への監督の強化と厳正な処分を行うとともに、無登録ヤミ金融の情報を得た場合は、調査のうえ告発まで行うことを求める。

以上、決議する。

2001年6月16日
日掛け金融対策全国会議
団 長 弁護士 加藤 修
全国ヤミ金融対策会議
代表幹事 弁護士 宇都宮 健児

④悪質金融業者の取締り等を求める請願書

【請願事項】

1、東京都知事登録の貸金業者で出資法第5条違反（高金利の処罰）・貸金業規制法第21条違反（取立行為の規制）第11条違反（無登録営業の禁止）などの悪質金融業者について、早急に調査・検査を実施し、法違反業者については業務停止処分・登録の取消処分など厳格な行政処分を行うこと。

2、東京都の貸金業の指導・取締り・苦情処理等に当たる職員の増員をはかり取締りと相談体制を強化すること。

3、貸金業者の登録を厳しくして貸金業者に対し営業保証金制度を創設すること。

4、貸金業者で出資法第5条違反（高金利の処罰）・貸金業規制法第21条違反（取立行為の規制）第11条違反（無登録営業の禁止）などの悪質金融業者について、早急に捜査を実施し、法違反業者については集中的かつ徹底的な取締りを行うこと。

5、悪質金融業者（ヤミ金融業者）の取立違反などについて市民からの苦情・被害届けがある場合の対応は、「民事不介入」ではなく市民の生活の安全という立場で事案の処理にあたること。

6、「10日で2割、3割、5割」という超高金利のヤミ金融業者による被害の実態について調査し、市民が被害に陥らないよう注意を喚起し広報などで啓蒙活動をすること。

7、悪質金融業者（ヤミ金融業者）の屋外広告物条例違反の違法看板広告を早急に徹底的に撤去すること。

8、東京都知事登録の貸金業者のスポーツ紙・雑誌・折り込み広告については、関係諸機関や広告媒体に積極的に働きかけ悪質金融業者（ヤミ金融業者）やエセ・サラ金業者（紹介屋・整理屋）の違法広告を徹底的に排除すること。

【請願の理由】

現在消費者や中小商工業者の少なくない人々がクレジット・サラ金・商工ローンなど高利金融から借り入れにより多重債務に陥り支払い不能になり、厳しい取立などにより自殺・家庭崩壊・夜逃げ・倒産・破産などに追い込まれています。不況の回復の兆しが見えない中、倒産は相次ぎ、大企業のリストラによる解雇などで失業率は過去最高の5.4%、失業者は352万人となるなかでクレジット・サラ金の被害者は増大し、個人の破産申立件数は史上最悪記録の更新を続け、昨年度は14万件に達している。

又警察庁のまとめによると、「経済苦・生活苦」などを原因とする昨年一年間の自殺者は6,838人に達している状況にあり、これは毎日18人もの尊い命が失われていることになります。

最近では「10日で2割、3割、5割」という超高金利のヤミ金融による被害が激増しています。

ヤミ金融業者の多くは、「東京都知事登録①業者」で、「トイチ業者」です。

ヤミ金融業者は多重債務者の名簿を入手しダイレクトメールで送付したり、スポーツ新聞、夕刊紙に広告を出して顧客を集めています。そのため会社員・主婦・自営業者らはそれとは知らずに借りにゆくと、広告とは全くかけ離れた高利の支払い約束をさせられ、経済生活を破綻させられ、平穏な家庭生活は脅かされ、人権侵害そのものの被害です。

本年11月24日には松山市で、「日掛け金融・ヤミ金融の被害をうったえる市民集会in松山」を開催しました。集会ではヤミ金によるすさまじい取立による被害が報告されました。

東京からは、ヤミ金から「債務者の顔写真入りの金返せのチラシ」を自宅近辺に配布するなど悪質取立の被害も報告されています。

又愛媛県・松山からは、ヤミ金から「〇〇さーん、早よー返済せぇーやボケー！ この先は貴方次第！ 天国か地獄か？　さようならーカナリヤ」という絵入りのFAX文書による取立をかけられていた愛媛県の男性（48歳）が11月22日にお墓の前で焼身自殺という悲しい事件が発生しました。「カナリヤ」は東京都ヤミ金業者です。

私たちはヤミ金融業者の撲滅めざして、昨年12月に全国ヤミ金融対策会議を結成し、「ヤミ金融110番」活動を行い、本年2月には東京、大阪、仙台、福岡など八都道府県で、50業者に対し出資法違反で告訴・告発を行い、東京都産業労働局（旧労働経済局）金融課にも厳重に取締りを要請していますが、ヤミ金被害は減少するどころか前記の通り被害は増大している状況にあることから、早急に実効あるヤミ金対策を求め右請願する次第です。

2001年12月13日

全国ヤミ金融対策会議
代表者代表幹事 弁護士 宇都宮 健児
連絡先・中央区銀座6-12-15西山ビル7階
東京市民法律事務所
電話3571-6051 FAX 3571-9379

紹介議員

東京都議会議長　三 田 敏 哉 殿

⑤ヤミ金の撲滅を目指す決議

出口の見えない深刻な不況が続く中、このところ、返済困難に陥った多重債務者や中小零細事業者をターゲットとして、出資法所定の刑罰金利（年29.2％）を大幅に超える10日で4割（年利1460％）、10日で5割（年利1825％）という途方もない超高金利で貸し付けを行うヤミ金融が激増している。

最近のヤミ金融の多くは、貸金業の登録を受け合法貸金業者を仮装した上、新聞・雑誌等に広告を掲載したり、多重債務者や自己破産者宛にダイレクトメールを送付するなどして幅広く顧客を集めている。

貸し付けに際し手形・小切手を振り出させ。不渡りを恐れる中小零細事業者より超高金利を徴求するシステム金融、顧客の自動車・家具等を目的とする売買契約を仮装し売買代金名目で超高金利を徴求する車リース・家具リース、顧客の自宅建物に関する賃貸借契約書等を徴求しておき支払いが遅れると自宅建物を占拠してしまう占有屋等、ヤミ金融の手口はますます多様化・巧妙化してきている。

ヤミ金融から借入をした多重債務者・中小零細事業者らは、わずか数か月の間に受領額の2、3倍もの支払いを強いられ、全く支払義務のない家族・親族等にまで暴力的・脅迫的取立が及ぶことにより、一家離散・夜逃げを余儀なくされ、さらには自殺に追い込まれるという深刻な被害が全国に広がっている。

このようなヤミ金融が跋扈するのは、出資法違反（金利規制違反）や貸金業規制法違反（無登録営業、取立規制違反）等の犯罪行為について、警察による取締りが不十分であること、監督官庁が殺到する苦情に対し担当者の人員不足等により機能不全状態に陥り貸金業者の指導・監督が十分行われていないこと、現行貸金業規制法における登録制が開業規制としての機能を全く果たしておらず事実上フリーパスで貸金業の登録を認めていること、新聞・雑誌等がヤミ金融の広告掲載を安易に容認していること等が原因として上げられる。　そこで、私たちは、ヤミ金融の撲滅に向けて、

1、組織的にヤミ金融に関する情報を収集し、積極的にヤミ金融の刑事告発及び貸金業登録取消しの申立を行う。
2、警察に対し、ヤミ金融の徹底的な取締りを求める。
3、監督官庁に対し、貸金業者の指導・監督を実効あらしめるため担当者の人員増を図り、ヤミ金融の違法行為については直ちに行政処分を行うよう求める。
4、国に対し、現行貸金業規制法の一部を改正して、貸金業規制を強化するため、新たに営業保証金の制度を創設するよう求める。
5、広告業界に対し、ヤミ金融の広告掲載を直ちに中止するよう求める。

以上、決議する。

2001年12月15日

第1回全国ヤミ金融対策実務交流集会参加者一同

⑥ヤミ金融被害根絶を目指す決議

本日、私たちは「ヤミ金融・悪質金融被害告発！　第2回全国ヤミ金融対策実務交流集会」を開催した。

集会では、全国各地の被害者、被害者の会、弁護士、司法書士などから深刻な被害事例の体験報告や紹介がなされた。ヤミ金融の営業エリアは複数都道府県にまたがって広域化し、電話による取立は「殺す」「家を燃やす」というあからさまな脅迫にまでエスカレートしている。そしてヤミ金融は、他人名義の口座へ郵便振替で送金させて犯罪収益を隠匿したり、不渡りを恐れる中小企業の弱みにつけ込んで手形・小切手を取立の手段として悪用しているのだが、金融機関は漫然とこれらの犯罪行為に悪用されるがままになっている。看板や張り紙に携帯電話の番号だけを掲載して勧誘している「090金融」が、自らの正体を明かさないまま粗暴な取立行為を恣にしている。「動産リース」「チケット金融」などの脱法行為も横行している。

このようなヤミ金融被害に対して、各地において創意あふれるヤミ金融対策の取り組みがなされていることが報告された。

「金返せ」という口実を使おうとも、出資法の罰則金利の数十倍、数百倍もの超高金利で貸付をするヤミ金融の営業そのものが犯罪行為である。まして脅迫・監禁・住居侵入・恐喝などの犯罪行為が許されるはずもない。

よって、私たちは、ヤミ金融被害根絶のために、

1　借り主・弱者を食い物にするヤミ金融の犯罪行為を見逃さず、マスコミをはじめ広く関係者と連携して、ヤミ金融を徹底的に告発し追及排除する。

2　ヤミ金融との交渉にあたっては、ヤミ金融に不法な利益を上げさせない方針を堅持する。出資法違反の超高金利による貸付行為は公序良俗違反により無効であり、ヤミ金融から受け取った金銭は不法原因給付として返還の義務はなく、借り主が支払った金銭は不当利得として返還請求権があることを確認する。

3　警察に対し、ヤミ金融の厳しい摘発を求めるとともに、違法取立を行うヤミ金融業者には厳罰をもって臨むことを求める。

4　銀行その他の金融機関に対し、ヤミ金融による犯罪収益の隠匿を告発し、ヤミ金融業者による手形・小切手の悪用を排除するよう求める。

5　各地方自治体に対し、有害な屋外広告物であるヤミ金融の看板や貼り紙の撤去等に取り組むことを求める。

6　国に対し、貸金業規制法の一部を改正して貸金業について営業保証金の制度を創設すること、同法及び出資法の一部を改正して違反行為に対する法定刑を大幅に引き上げることを求める。

以上　決議する。

2002年4月27日

ヤミ金融・悪質金融被害告発！
第2回全国ヤミ金融対策実務交流集会参加者一同

⑦水谷司法書士に対するヤミ金融業者の卑劣な業務妨害・脅迫行為を糾弾するとともに、業者の早期摘発を求める決議

出資法違反の超高金利で貸付を行うヤミ金融による被害が日本全国に拡大し、ヤミ金融は借主のみならずその親族や近隣者に対しても暴力的・脅迫的取立行為を行い、無法の限りを尽くしている。

全国ヤミ金融対策会議に結集する全国の弁護士、司法書士、被害者の会の相談員は、ヤミ金融との交渉にあたっては、「ヤミ金融に一銭たりとも不利な利益を上げさせない」という方針を堅持して、ヤミ金融被害の救済にあたっている。

しかしながらこのところ、ヤミ金融被害の救済に携わる弁護士、司法書士、被害者の会の相談員やその家族に対するヤミ金融業者の悪質な妨害・脅迫行為が全国的に目立つようになってきている。

なかでも、本年5月20日、ヤミ金融被害の救済にあたっている名古屋の水谷英二司法書士に対し、「おまえの娘さらってぶち殺すんだよ。」「パクられるものならパクってみいや。」「絶対、おまえの娘ばらばらにしてぶち殺してやるから。」「おまえの娘の頭、おまえに送りつけてやるから。」「楽しみに待っとれよ、水谷。」などと執拗に脅迫電話を繰り返す卑劣な業務妨害・脅迫事件が発生している。

このようなヤミ金融業者の業務妨害・脅迫行為は、法と民主主義に対する重大な挑戦である。

私達は、愛知県警察本部に対し、水谷司法書士に対し業務妨害・脅迫行為を行っているヤミ金融業者の厳正な捜査と早期摘発を強く求めるものである。

私達は、これからも全国の仲間と協力して、ヤミ金融業者の卑劣な妨害・脅迫行為に屈することなく、全力を挙げてヤミ金融被害の救済にあたるとともにヤミ金融の撲滅を目指して闘う。

以上、決議する。

2002年7月27日

ヤミ金融・悪質金融被害告発！
第3回全国ヤミ金融対策実務交流集会参加者一同

⑧ヤミ金融対策法の緊急立法を求める決議

近時、出資法違反の超高金利で貸付を行うヤミ金融による被害が全国に拡大しており、ヤミ金融業者は、借主のみならず、その親族・勤務先・近隣者をも標的として、違法な取立行為を恣にしている。本日の集会においても、九州地区における「090金融」や東京都知事登録のヤミ金融業者などによる深刻な被害事例が報告された。法治国家の体裁さえも崩壊しつつあるような、緊急事態を迎えている。

本年9月20日、全国ヤミ金融対策会議、全国青年司法書士協議会、全国クレジット・サラ金問題対策協議会、全国クレジット・サラ金被害者連絡協議会、クレジット・サラ金・商工ローンの高金利引き下げを求める全国連絡会の5団体共催で、「ヤミ金融全国一斉集団告発」を実施した。弁護士・司法書士・被害者の会の相談員ら約200名が告発人となって、約2000件のヤミ金融業者を告発するという、かつてない規模の取り組みとなった。それは、前記の緊急事態に対する危機感によって触発された、市民の手による緊急行為である。

ヤミ金融を根絶するためには、ヤミ金融業者を確実に検挙し厳罰に処することが必要である。とはいえ、ヤミ金融が激増している現状においては、警察による検挙を待てないほどに切迫した事態にさらされている被害者は余りにも多い。違法な請求を受けたその時その場で、被害者が自らの権利主張を有効に行えるようにするために、「ヤミ金融からの支払請求は拒絶できる」「被害者はヤミ金融の不法な利得の返還を求め得る」ことに対して明確な民事上の法的根拠を与えることが是非とも必要である。またヤミ金融に対して元本の返還請求権を認めてしまえば、犯罪収益を生み出す元手を残すことになる。ヤミ金融を根絶するためには、その元本を保証してはならない。犯罪営業に対しては、むしろ損失を与えなければならない。

そこで私たちは国に対し、①出資法違反の高利の貸金契約は全部無効であって元本の返還請求権も存在しないこと、②被害者はヤミ金融に対して既払い金の返還を求めることができること、③出資法・貸金業規制法の罰則強化、④貸金業の登録に当たっての営業保証金制度の導入などを骨子とする「ヤミ金融対策法」を緊急に立法することを求める。

以上、決議する。

2002年10月4日

第4回全国ヤミ金融対策実務交流集会
全国ヤミ金融対策シンポジウムin熊本　参加者一同

資料3　貸金業の規制等に関する法律の改正に関する東京都議会意見書

深刻な経済不況が続く中、資金繰りで窮地に陥っている中小商工業者等は、クレジット、消費者金融、商工ローンなどの金融に頼らなければならない状況に置かれている。一方、その弱みに付け込み、高い金利で貸付を行う「まち金融」「ヤミ金融」による被害が激増し、大きな社会問題となっている。特に深刻なことは、多重債務等で借金返済に行き詰まり、返済不能に陥った借入者に対して、悪質貸金業者が厳しい取立てを行い、事業破たん、倒産、夜逃げ、家庭崩壊が発生し、最悪の場合、自殺にまで追い込まれているのが実態である。

現行法では、登録さえすれば貸金業を営むことができる。このため、登録貸金業者の中にも、法で定められている以上の高利を取り、強引な取立てをする悪質貸金業者が存在しており、その違法行為に対する行政措置は不十分である。さらに最近では、登録、未登録を問わず、貸金業者に関する苦情相談件数が増加し、その内容も多様化、悪質化、広域化している。

このような状況にかんがみ、悪質貸金業者による被害から借入者を保護するとともに、貸金業の適正な運営を図ることが緊要である。

よって、東京都議会は、国会及び政府に対し、借入者を保護し、悪質貸金業者によるこれ以上の被害者を増やさないため、貸金業の規制等に関する法律を次のように改正するよう強く要請する。

1　現行法の登録制度から営業許可制度に改正し、貸金業に対する規制を強化すること。
2　業務改善命令制度を創設すること。
3　営業保証金制度を創設すること。

以上、地方自治法第99条の規定により意見書を提出する。

平成14年3月28日

東京都議会議長　　三田敏哉

衆議院議長、参議院議長、内閣総理大臣、総務大臣、法務大臣
金融担当大臣　　あて提出

第百五十四回国会
衆議院

内閣委員会議録第九号

平成十四年四月二十四日（水曜日）
午前九時六分開議

出席委員
委員長　大畠　章宏君
理事　逢沢　一郎君　理事　渡辺　具能君
理事　渡辺　博道君　理事　野田　佳彦君
理事　細野　豪志君　理事　河合　正智君
理事　工藤堅太郎君
岩崎　忠夫君　小野　晋也君
奥山　茂彦君　嘉数　知賢君
亀井　久興君　北村　直人君
桜田　義孝君　実川　幸夫君
谷川　和穗君　近岡理一郎君
西川　公也君　望月　義夫君
山本　明彦君　石毛　鍈子君
津川　祥吾君　藤村　修君
山花　郁夫君　山元　勉君
横路　孝弘君　太田　昭宏君
佐々木憲昭君　北川れん子君

国務大臣（内閣官房長官）　福田　康夫君
国務大臣（国家公安委員会委員長）　村井　仁君
国務大臣（経済財政政策担当大臣）　竹中　平蔵君
国務大臣（規制改革担当大臣）　石原　伸晃君
国務大臣（科学技術政策担当大臣）　尾身　幸次君
内閣官房副長官　安倍　晋三君
内閣府副大臣　松下　忠洋君
内閣府副大臣　村田　吉隆君
総務副大臣　若松　謙維君
財務副大臣　谷口　隆義君
内閣府大臣政務官　奥山　茂彦君
内閣府大臣政務官　嘉数　知賢君

政府参考人（人事官）　小澤　治文君
政府参考人（人事院事務総局総務局長）　平山　英三君
政府参考人（内閣府政策統括官）　江崎　芳雄君
政府参考人（内閣府賞勲局長）　佐藤　正紀君
政府参考人（内閣府原子力安全委員会事務局長）　小中　元秀君
政府参考人（警察庁生活安全局長）　黒澤　正和君
政府参考人（警察庁交通局長）　屬　憲夫君
政府参考人（金融庁総務企画局参事官）　田口　義明君
政府参考人（法務省大臣官房審議官）　原田　晃治君
政府参考人（法務省刑事局長）　古田　佑紀君
政府参考人（法務省入国管理局長）　中尾　巧君
政府参考人（文部科学省大臣官房審議官）　玉井日出夫君
政府参考人（文部科学省大臣官房審議官）　瀬山　賢治君
政府参考人（文部科学省スポーツ・青少年局主任体育官）　徳重　眞光君
政府参考人（厚生労働省職業安定局長）　澤田陽太郎君
政府参考人（農林水産省大臣官房審議官）　松原　謙一君
政府参考人（資源エネルギー庁原子力安全・保安院審議官）　佐藤　哲哉君
政府参考人（国土交通省総合政策局次長）　伊藤　鎮樹君
政府参考人（国土交通省道路局長）　大石　久和君
参考人（日本道路公団総裁）　藤井　治芳君
内閣委員会専門員　新倉　紀一君

委員の異動
四月二十四日

辞任	補欠選任
古賀　正浩君	北村　直人君
谷本　龍哉君	山本　明彦君
仙谷　由人君	津川　祥吾君
吉井　英勝君	佐々木憲昭君

同日

辞任	補欠選任
北村　直人君	桜田　義孝君
山本　明彦君	谷本　龍哉君
津川　祥吾君	仙谷　由人君
佐々木憲昭君	吉井　英勝君

同日

辞任	補欠選任
桜田　義孝君	古賀　正浩君

四月二十四日
警備業法の一部を改正する法律案（内閣提出第三五号）
は本委員会に付託された。

四月二十四日
集団暴走行為を実効的に規制することができる法整備に関する意見書（高知県議会）（第四六四三号）
は本委員会に参考送付された。

本日の会議に付した案件
政府参考人出頭要求に関する件
参考人出頭要求に関する件
障害者等に係る欠格事由の適正化等を図るための関係法律の整備に関する法律案（内閣提出第五五号）（参議院送付）
内閣の重要政策に関する件
栄典及び公式制度に関する件
男女共同参画社会の形成の促進に関する件
国民生活の安定及び向上に関する件
警察に関する件

○大畠委員長　これより会議を開きます。
内閣の重要政策に関する件、栄典及び公式制度に関する件、男女共同参画社会の形成の促進に関する件、国民生活の安定及び向上に関する件及び警察に関する件について調査を進めます。

この際、お諮りいたします。

各件調査のため、本日、政府参考人として人事官小澤治文君、人事院事務総局総務局長平山英三君、内閣府賞勲局長佐藤正紀君、内閣府原子力安全委員会事務局長小中元秀君、警察庁生活安全局長黒澤正和君、金融庁総務企画局参事官田口義明君、法務省大臣官房審議官原田晃治君、法務省刑事局長古田佑紀君、文部科学省大臣官房審議官玉井日出夫君、文部科学省大臣官房審議官瀬山賢治君、文部科学省スポーツ・青少年局主任体育官徳重眞光君及び国土交通省道路局長大石久和君の出席を求め、説明を聴取したいと存じますが、御異議ありませんか。

〔「異議なし」と呼ぶ者あり〕
○大畠委員長　御異議なしと認めます。よって、そのように決しました。
引き続き、お諮りいたします。

各件調査のため、本日、参考人として日本道路公団総裁藤井治芳君の出席を求め、意見を聴取し相との会談で当然これらの問題を話し合ったと思うのでありますが、しかし、報道された記事を見ますと、不審船引き揚げには大筋で合意したといったようなものもありましたし、何ら進展せずと報道したものもあって、まちまちだったわけであります。引き揚げるか否か、いつまでも結論を出さないわけにはいかないと思うので、現時点で引き揚げるに当たっての問題点があれば御説明をいただきたいと思います。

○福田国務大臣　先般、博鰲フォーラムにおける小泉総理と朱鎔基首相の対話では、引き揚げについては今後お互いに対話をして話を進めていこう、こういうようなことを言われたわけでございます。それをもってして見方はいろいろあります。否定的な見方もあるし、肯定的な見方もある。しかし、基本的には、朱鎔基首相も引き揚げの方向というものは御理解を示されているものというように私は理解いたしております。

○工藤委員　わかりました。

次に、北朝鮮の拉致事件について村井国家公安委員長にお尋ねをいたします。

この問題、過去にさかのぼって経緯を見れば見るほど、北朝鮮に対する我が国の政府の対応に正直腹立たしさを覚えるわけであります。拉致されたと見られる御家族の皆さんが、北朝鮮による拉致事件を国連の人権委員会に救済申し立てをして、結果として調査打ち切りになってしまったわけでありますけれども、果たして、こうした行動に対して政府がどれだけの援助の手を差し伸べてこられたのかということであります。

日赤が、今月末に北京で行われる日朝赤十字会談で、拉致事件の十一名を含めて四十九名について安否の確認をするとしているわけでありますけれども、ぜひ何らかの成果が上がるように政府としてもバックアップをしていってほしい、このように思うわけであります。

今月二十一日に警視庁が、北朝鮮に拉致されたとされている有本恵子さんですか、この方の捜査のために欧州に捜査員を派遣したということでありますが、捜査の進展について御説明をいただければと思います。

○村井国務大臣　警察におきましては、有本恵子さんの拉致容疑事案につきまして、警視庁が捜査本部を設置いたしまして鋭意捜査を進めているところでございまして、今後とも我が国国内、国外の関係各機関との連携、情報収集等を含め、情報交換、それから関係者からの事情聴取を行いまして、全容解明のために最大限の努力をしているところでございます。

ただ、これは、仕掛かり中と申しましょうか、こういう案件につきましては、私どもの方からの御答弁、こういう形にならざるを得ないわけでございますが、欧州への捜査員の派遣の目的でございますとか捜査の進展等々、お尋ねをいただきましたけれども、捜査上の秘密の保持という観点から、捜査の具体的内容につきましては、そもそも捜査員の派遣の有無も含めましてお答えを差し控えさせていただきたい、このように存じます。

しかしながら、私といたしましても、御本人や御家族の御心痛というものを考えますと、本当にこの問題、大変な問題でございます。しっかりと受けとめまして、事案の解決に向けまして警察当局を督励してまいりたい、このように思う次第でございます。

○工藤委員　今村井大臣からお答えをいただいたわけですが、いわゆる拉致をされた御家族の心情というのを、例えば村井大臣の御家族とか、官房長官、私の家族とか娘とかがそういう状況になったとしたら、みんな同じことなわけですから、本当にこの心情を考えれば大変なことだと思うんです。

私はこういうふうに思っているんですが、私も含めてなんですけれども、一般の国民は、北朝鮮とか中国とかというところに、特に北朝鮮なんかに対しては、何か日本の政府は、我が国の政府は弱腰だ、どうもびしびしと、例えば本当に自分の国、一国のやり方としてこれでいいのかといったような、そういう思いを多くの国民は持っているような、そういう状況じゃないか。今までの対応の仕方が遠慮してきた、弱腰だ、そういうような気持ちを持っているんじゃないか、そう思えてならないわけでありまして、何でそんなに弱腰にならなきゃならぬのかと不思議でしようがないくらいの、怒りにも似た気持ちを私自身持っているのでありますが、その点をもう少し政府でお考えをいただいて、拉致問題とかこういう問題に対してきちっとした対応をしていただきたいと強く御要望を申し上げておきたいと思います。

もう時間がなくなりましたので、最後になりますが、栄典制度のあり方について伺います。

首相の私的諮問機関で栄典制度の在り方に関する懇談会が昨年十月に報告書を出されました。現行制度と報告書の相違点、これを簡単に御説明をいただきたいと思います。

○佐藤(正)政府参考人　お答えいたします。

昨年十月に栄典制度の在り方に関する懇談会から総理に対して報告書が提出されておりますが、その報告書の指摘しております主な事項を申し上げますと、一つは、栄典制度については、歴史と伝統ある勲章等を活用した上で運用を改めろということでございます。

まず第一点といたしましては、勲章の名称につきまして、一等、二等というような数字で表示しておることを改めまして、各勲章に個別の名称をつけて、それで表示をするようにというようなことが一つ。

それから、現在、旭日章と瑞宝章を半格ずらしまして非常に勲等が煩雑になっておるということがございますが、功績の質によりまして旭日章と瑞宝章を使い分ける、別系統の勲章とするということによりましてそこを整理合理化しろということ。

それから、一般の受章者に対しましては、旭日章と瑞宝章を男女共通の勲章として使用すること。

それからまた、褒章につきましては、現在、五十五歳以上というような年齢の制限がございますが、すぐれた功績がありましたら速やかに顕彰するということで、年齢制限を取り払うようにというような御指摘をいただいたところでございます。

○工藤委員　今いろいろ御説明をいただいたわけでありますけれども、等級による区分をなくして、現在の褒章制度のような、より広範な適用といいますか、現在の時代背景に考慮した制度につくりかえる必要があるだろう、このように思うわけでありまして、懇談会の今後の活動方針について改めて説明をしていただきたいと思います。

○大畠委員長　申し合わせの時間が過ぎておりますから、簡潔に答弁をお願いします。

○佐藤(正)政府参考人　懇談会におきましては、報告書を取りまとめるに当たりまして、各界の有識者からのヒアリングを行いましたり、あるいは中間で論点整理を行いまして、一般の方々からの意見の募集をいたしたり、さらには有識者三千人に対するアンケート調査を行って取りまとめております。

報告書をいただきましたところで、内閣府といたしまして現在検討しておるところでございますが、報告書の趣旨を踏まえまして、その具体化に向けて鋭意検討しておるという状況でございます。

○工藤委員　終わります。ありがとうございました。

○大畠委員長　これにて工藤君の質疑は終了いたしました。

次に、佐々木憲昭君。

○佐々木(憲)委員　日本共産党の佐々木憲昭でございます。

不況が長引きまして、倒産、失業も大変深刻であります。こういう中で、サラ金から借金をしたり、あるいは違法なやみ金融にひっかかって多重債務に陥るという事例が多発しております。その結果、自己破産ですとか夜逃げ、あるいはあげくの果てに自殺というような事件もふえております。

やみ金というのは、出資法の上限金利二九・二%をはるかに超えて、例えばトーサン、十日で三割ですね、あるいはトーゴ、十日で五割、こういう極めて異常な高金利で貸しているわけであります。中には、夜明けの三割、前の日に借りたら次の日の朝までに金利三割そろえて返せ、こういうものもあるわけですね。

このようなやみ金にひっかかった多重債務を初めとして、破産宣告者数はこの五年間で約三・四倍にふえております。自殺者は九五年ごろからふえ始めまして、九八年からは経済的理由が急増しております。こうして年間の自殺者数は合計三万人を超えるという状況ですね。

そこで、村井大臣にお伺いをいたしますけれども、このような事態をどのように認識されておられるか、御見解をまずお伺いしたいと思います。

○村井国務大臣　この今委員御指摘のような行為というのは、恐らく無登録の貸金業者によって行われているようなケースが多いのだろうと思いますが、景気の低迷でございますとか、あるいは社会情勢を反映しまして、資金繰りに苦しんでいる債務者あるいは中小企業主などを中心に被害が拡大していることは事実だと認識しております。

こういった事犯でございますが、国民生活に深くかかわるものでございまして、また、弱い者の弱みにつけ込む非常に悪質な行為だと考えておりまして、警察といたしましては、法令に違反する行為につきましては法と事実に基づきましてきちんと対応をしていくべきものだ、このように考えておるところでございます。

○佐々木(憲)委員　最近、やみ金融が東京などの大都会を中心に跳梁ばっこしていると言われておりまして、極めてゆゆしき事態であります。

そこで、金融庁にお聞きをしますけれども、本来、貸金業というのは登録した業者しかやれないはずでありますけれども、いかがでしょうか。もし登録していない業者が金融業を営んだ場合には、どのような罰則があるでしょうか。

○田口政府参考人　お答えいたします。

貸金業規制法によりますと、第三条第一項におきまして、貸金業を営もうとする者は内閣総理大臣または都道府県知事の登録を受けなければならないというふうに規定されております。また、同法第十一条第一項におきまして、登録を受けていない者は貸金業を営んではならないというふうに規定されております。この規定に違反いたしました場合には、同法第四十七条第二号によりまして、「三年以下の懲役若しくは三百万円以下の罰金に処し、又はこれを併科する。」というふうに規定されております。

○佐々木(憲)委員　つまり、違法な存在なわけですね、やみ金融というものは。

このやみ金融を取り締まるのは金融庁なんでしょうか、それとも警察庁なんでしょうか。どちらでしょうか。

○黒澤政府参考人　警察といたしましては、従来から、無登録の貸金業等法令違反につきましては、法と証拠に基づきまして厳正に取り締まりを行っているところでございます。

なお、警察といたしましては、金融庁、財務局等の関係機関と密接に連携をいたしまして、取り締まりを推進いたしているところでございます。

○佐々木(憲)委員　担当は警察庁だということであります。

そこで、金融庁にもう一度お聞きしますけれども、登録されていない業者が勝手に登録番号を使って、つまり番号を詐称するということですが、そういう形で貸金業を営むような事例があって一般の方から問い合わせがあった場合、この貸金業のこの番号は登録業者でしょうか、こういうふうに来たときに、金融庁としてはどういう対応をされるんでしょうか。

○田口政府参考人　お答えいたします。

まず、一般の方から、当該業者が登録業者かどうかということにつきまして各財務局あるいは都道府県等に問い合わせがございました場合には、各財務局で登録業者かどうかを確認してお答えをしているということでございます。

また、無登録で貸金業を営んでいる者の情報をそういう形で得ました場合には、貸金業規制法違反の疑いがあるということで、適宜捜査当局に情報提供を行っているということでございます。

○佐々木(憲)委員　それは、横の連絡を密にしているということ、それから、問い合わせがあった当事者に正確に答えると。そうしますと、一般にはどういうふうに周知されるわけでしょうか。

○田口政府参考人　金融庁におきましては、財務局登録の全業者のリストを金融庁のホームページに掲載しているところでございまして、それを通じて周知を図っているところでございます。また、東京都などにおきましても、類似の登録業者リストを掲載することによりまして、無登録業者か否かの確認をとるということができる形になってございます。

また、例えば関東財務局におきましては、無登録業者の中で関東財務局の登録番号を詐称して広告を行っている者につきましては、ホームページで公開いたしまして利用者の方に注意喚起をしているところでございます。

○佐々木(憲)委員　関東財務局のホームページ、これを私は印刷して手元にありますが、こういうものですね。「悪質な貸金業者の情報について」ということで、例えば、どこどこは「登録がないにも関わらず、当局の登録番号を詐称した広告により勧誘を行っていることになります。くれぐれも御注意ください。」こういうふうに周知徹底を図っているということでありますが、警察庁に連絡をする件数というのは年に何件ぐらいあるのでしょうか。

○田口政府参考人　捜査当局への連絡の件数でございますが、私ども、無登録業者に関するものという区分では集計しておりませんが、無登録業者に関するものも含めまして、貸金業規制法等の法令に違反する疑いがあるとして捜査当局に通報いたしました件数は、平成十年度百八十件、十一年度二百三十七件、十二年度百八十五件というふうになっております。

○佐々木(憲)委員　その数は非常に少ないという印象を受けるわけですね。実際に問い合わせをする、あるいは抗議の話が来る、そういう事例というのは全体の中の一部だとは思いますけれども、それにしても非常に少ない、被害者の数は何千何万とあるというふうにお聞きしていますので。

そこで、通報を受けた捜査当局の警察の側はこれにどう対応しているのか、これをお聞きしたいと思います。

○黒澤政府参考人　財務局、財務事務所とは県レベルでも連絡する場がございますし、今答弁が金融庁からございましたように、私ども、情報の連絡を受ける、あるいはその他の方法でいろいろ情報も入手することもあるわけでございまして、関係機関とも連携をいたしまして実態の把握に努めまして、法令に違反する行為につきましては、法と証拠に基づきまして厳正に対処をいたしているところでございます。

○佐々木(憲)委員　最近、いろいろな新聞、雑誌など、特に夕刊紙ですとかあるいはスポーツ紙などで、大っぴらに貸金業の広告がこのように出ているわけです。こんなにたくさんあるわけですね。つまり、一日にこういうのが何ページかあるわけです。

こういう中で、例えば調べてみますと、登録番号を一応全部書いてはあるのです。しかし、この登録番号は実態と違うというのがこの中に含まれております。例えば、「一人でも多く皆様に実行します、十万円なら即オーケー、すぐ貸すお店」なんて書いて、電話番号と登録番号は一応書いてある。ところが、登録番号は全然違うのです。別な数字なんですね。ですから、全く登録番号詐称であります。

それから、例えばここに、「新店オープン、十万円なら皆様に貸します」というような広告が出ています。これも同じ、調べたら違うというようなことで、つまり、こういう広告がもうあちこちに、いわば虚偽の広告。それで、その実態を知らない人がこれにひっかかるということで、大変被害が広がっているわけですけれども、警察庁は、このような広告の中に無登録者が多数含まれている、こういう実態を把握されているんでしょうか。

○黒澤政府参考人　警察といたしましては、そういったスポーツ紙などに広告がなされておる、そういった中には、無登録の貸金業者の広告もあるということは承知をいたしておるところでございます。

○佐々木(憲)委員　そうしますと、そういうものがあるという発見をした場合にはどのような対処をされるんですか。

○黒澤政府参考人　実態を解明いたしまして、無登録であるということが判明いたしますれば、それは無登録ということで違反になりますし、あるいは、それをきっかけにいろいろ捜査を進めた結果、刑罰法令に触れる、他の法令に触れるということもございますが、そういった場合に検挙等の措置を講ずる、かような対応をいたしておるところでございます。

○佐々木(憲)委員　検挙等の事案というのは年に何件ぐらいあるんでしょうか。

○黒澤政府参考人　金融事犯といいますと、これは貸金業法でありますとか出資法でありますとか、いろいろな高金利事犯等も含めまして、詐欺も入りますが、昨年の数字で申し上げますと、事件数でございますが、全部で二百十六の事件を検挙いたしておるところでございますが、この中で無登録事犯につきましては、九十九の事件を昨年は一年間で検挙いたしております。

○佐々木(憲)委員　本当に極めて少ないと思うんですね。一日でもこういう形で数件、一つの夕刊紙だけで出ているわけです。これはもうともかく年間にしますと大変な数なんですよ。にもかかわらず、その無登録について検挙した件数は九十九だという百にも満たない状況でありまして、これでは本当にしっかりした対応をしているのかどうかというのが疑わしいと思わざるを得ませんね。

こういうやみ金から借りますとどんなことになるかというと、返済が少しでもおくれた場合、本当に昼も夜もめちゃくちゃな電話での催促、あるいは大声を出して騒ぎ回る、脅迫して車に乗せて引っ張り回すというようなことが頻繁に起きているわけです。

お配りした資料があると思いますが、この一番最後のところをちょっと見ていただきたいんですが、例えばこういうビラですけれども、こういうものが町の中にばらまかれる、あるいはこれが電柱に張られる。

これは、真ん中にありますのは、この借りた本人の顔写真なんです。それで、どこどこ営業所に勤務する何々は多額の借り入れを行い遊び回り再三の支払い要求にも応じず云々と書いて、公共的職業につき社会のモラル何とか、よってここに糾弾するとかなんとか書いてあります。

こういうものをばらまかれますと、これはもう本人はとてもその地域で生活ができない、あるいは家庭が崩壊する、そういう状況になるわけでありまして、こういうおどしというのは当然この取り締まりの対象だと思いますけれども、これはいかがでしょうか。

○黒澤政府参考人　事案の態様、個々具体的な事実関係によりますけれども、一般論で申し上げますれば、例えば名誉毀損でありますとか信用毀損、脅迫、いろいろな罰則法令が考えられるかと思いますが、個々具体的な事案に即して、私ども積極的に対応をいたしておるところでございます。

○佐々木(憲)委員　積極的に対応していただきたいわけですけれども、例えば、お配りした資料を見ていただきたいのですけれども、こういうことをやっているんですね。

これは「委任状」というのが一番最初にありまして、私は何々を代理人と定め左の行為をする権限を委任いたしますと。何も書いていないんですよ。つまり、だれだれを代理人と定める、だれだれという名前が空白、左の行為、その行為の中身も空白、そういうふうにして、いわば白紙の委任状に特定の借金をした個人に署名捺印させる。しかも、これをおどしをかけてやるわけです。

それから、次を見ていただければ、その借金をした人の住宅、その「入居及び鍵引渡承諾書」なんというものも、これに名前を書かせて、それでとる。年月日も何も書いていない。それから、「引渡証明書」というのがそこにある。こういうことで不動産などもお渡しいたしますというようなこと。

それから、その次をめくっていただきますと、「建物明渡契約書」、これも、実印を本人からとって、それから印鑑証明もとって、そしてその本人に無理やり署名をさせて、あとは何でも書ける。

それから、その次に「売渡書」。売り渡し書といったって、何を売り渡すのか、物件の表示も何もない。幾らでも書ける。一、何々、二、何々と全部書ける。こういうものをつくって、ともかくおどしをかけて、本人に署名だけさせる。

こういうものが一体有効なものなのかどうかというまず根本問題があるわけでありまして、これは、配付しましたのは全体の一部でして、私は手元にたくさんこういうのがあるんです。これも個人、一人についてこんなにたくさん、もういろいろな書類をつくって、実印をとって、あちこちに押すわけです。たくさん集めるわけです。これを使って勝手放題をやるということをしているわけです。

まず、法務省にお聞きをしますが、こういう契約書というのは有効なのかどうなのか。これは契約書まがいのもので無効だと私は思うんですが、いかがでしょうか。

○原田政府参考人　無登録の貸金業者が、まず金銭消費貸借契約を結ぶ、それに付随して、今御指摘のございましたような建物明け渡し契約であるとか入居及びかぎ引き渡し承諾のような紙、契約書を取り交わすということでございますが、まず、その最初の金銭消費貸借契約自体は、これは、取り締まり法規に違反する、つまり、登録を受けないで貸し付けを業としていること自体は違法でございますけれども、それによって消費貸借契約自体が直ちに無効ということにはならないと一般には解されております。

ただ、それに伴いまして、白紙委任状であるとか建物明け渡し契約書という、また別途の契約が結ばれております。これらにつきましては、やはり個別的な事案によって判断せざるを得ないと思いますが、その契約の内容がいわゆる民法に言います公の秩序、公序良俗と言われるものに反するようなことになれば、これは民法九十条の規定に違反して無効になる、このように考えておりますし、さらに、このような契約の締結に際して、仮に強迫的な行為があるということになりますと、民法の取り消しということもできます。

さらに、合意の範囲を超えてこの契約書の中身を勝手に一方当事者が補充するというようなことになりますと、それは合意を超える部分については、両者の意思の合致がございませんので、その部分について効力を生じないということは当然のことであろう、このように考えております。

○佐々木(憲)委員　これは本当に無効なものだと思いますし、こんなことが平然と通っていたら世の中めちゃくちゃになると私は思うんです。

そこで、本人の意思に反して、脅迫されてこういうものをつくらされた、あるいは、合意をしたとしても、その合意の範囲をはるかに超えて使われるという場合、こういう場合にはどのような罰則があるのか、これをお聞きしたいと思います。

○古田政府参考人　実際の行為について何らかの犯罪が成立するかは、それぞれの事実関係によることではございますが、一般的に申し上げますれば、例えば人をおどして財物を提供させる、こういうことになりますと恐喝罪に当たることもございますし、あるいはそこまで至らなくても、強要罪に当たることもまたあろうかと思います。さらに、ただいまお尋ねのような、最初の合意を超えて勝手に合意と違うような内容の文書を他人名義でつくるということになりますれば、これは私文書偽造、それを使えばその行使罪が成立することがあり得ると考えております。

○佐々木(憲)委員　こういう違法なことを、本当にかなりこれが無法な形で広がっておりまして、被害者がふえております。登録されていない貸金業を営んでいる町金、やみ金というのはその存在自体がもともと違法なんですから、警察は、それを見つけたら直ちに取り締まって処罰するというのは当たり前のことなんですけれども、ところが、どうも警察に訴えてもなかなか動いてくれないという声が、結構私聞いているんです。

例えば、神奈川でこういう事例がありました。ある中小企業の社長さんが、やみ金業者に親会社に連れていかれまして、売掛金をやみ金融に譲渡したという念書を、これはおどされて強制的に書かされる。ようやくそれで帰してもらえた。そこですぐ帰るとまたおどされると思って、翌々日に家に入ろうとしますと、かぎがない、かぎがあかない。しかも、中には知らない人がいる。玄関に、賃貸契約書、それからかぎを取りかえても異議申し立てをしないというような承認書とか、これもでっち上げなんですけれども、そういうコピーがべたべた張ってある。これらの契約書も承諾書も本人は何の覚えもないわけです。いわば実印をとられて勝手に押されて偽造されたというものなんですね。

そういうふうにしてつくられたものがべたべた張られて、工場に行くと工場にもかぎがかかっている。入り口には、中のものは債権担保の回収目的で売買がなされています、こう書かれている。四百坪の工場の中を見ると、がらんとして、事務所の帳簿書類、印鑑、従業員のロッカー、機械、全部持ち去られていた。このことについて警察に訴えますと、それは民事なので介入できないんだといってすぐに対応しないというんですね。しかも三週間も放置された。こういう事例があります。これは私は本当にひどいと思うんです。

あるいは東京の事例で、やみ金業者が、自分の家に、借金をした本人の家に来まして、家主か隣の人に保証人になってもらえということを言って、ごねて絶対に帰らない。自宅周辺にもうろうろして張り込んでいる。それで逃げられない状態になった。そこで警察署に相談をしましたが、そんなことで警察は動けないよという対応だったと。

それから、山形の事例を言いますと、出先までつけ回したり、近所にわかるような大声を出して取り立てに回る。困って警察に相談したけれども、警察の方は、借りたものは金利が四割でも五割でも払わなければならないんだ、裁判しても、払うのを払わなければ負けるんだ、こういうふうに言われたというんですね。

どうも、現場の警察の対応というのがこういうことに対して余りにも冷たいんじゃないだろうか。先ほどの御答弁ですと、こういうものは違法であり、取り締まりの対象であり、処罰しなきゃならぬということなんですけれども、どうも現在の現場の警察官あるいは警察署はそうなっていない。警察というのは大体こんな対応をするものなんでしょうか。

○黒澤政府参考人　ただいま御指摘の事案については承知をいたしておらないわけでございまして、一般論になってしまうわけでございますけれども、私ども警察におきましては、犯罪につきまして、犯罪等による被害に遭ったものにつきましては、法と証拠に基づきまして罰則法令の適用をする、事件の検挙をするわけでございますけれども、相談や届け出に国民の方が警察に見えるわけでございますが、たとえその時点で警察にとっては犯罪等によることが明らかでないものでありましても、刑罰法令に仮に抵触しない事案につきましても、個々の事案に応じましていろいろな指導をする、あるいは警告をする、適切な措置を講ずるように第一線を指導いたしておるところでございまして、もちろん、刑罰法令に抵触する事案につきましては、迅速かつ的確な捜査を行うよう指導をいたしておるところでございます。

○佐々木(憲)委員　そうすると、今そういうふうな姿勢でなさっているということなんですが、それは現場の方には徹底していないということなんでしょうかね。

○黒澤政府参考人　私ども、警察改革の折に民事不介入という問題をいろいろ御指摘いただいたわけでございますけれども、組織を挙げまして、一線にも指導の徹底をいたしておるところでございます。

今御指摘の事案につきましては、具体的な事案を私承知をいたしておりませんので、ここでコメント申し上げることはできませんが、今、組織を挙げて、今私が答弁したようなことで一線を指導しておるということでございます。

○佐々木(憲)委員　確かに答弁は前向きなわけですけれども、現場のところに徹底しているというふうにはどうも思えないんですね、いろいろな話を聞いていますと。しかも、先ほどの実際に検挙して処罰をしたというような件数は非常に少ないんです。実際には被害者は万という単位である。これは、そういう被害の相談を受けている弁護士の方々のお話も聞いております。そういう点でいいますと、被害はふえているんだけれども、対応がなかなか現実に合っていないのではないか。

無登録者の貸金業を放置しておくということは国民自身に非常に大きな被害を与えるということになるわけで、債務者の家庭が崩壊する、本人はもう生きていけない、生命の危機にも追いやるというような、そういう状況になるわけで、これはやはり直ちに徹底的に対応を改善すべきだと私は思うんです。そうしないと、現場の警察というのは無登録の貸金業をなくす考えがないのか、違法を放置するのかというふうにどうしても思われてしまうわけですね。

村井大臣にお聞きをしたいんですけれども、こういう状況なものですから、今東京を中心に被害が広がっております。大都市中心にずっと広がっておりますが、だんだん地方の都市にもこれは進出していっておりまして、全国的に広がっているんです。全国の警察に対しまして、やはり本省から、やみ金に対してきちっと取り締まるべきだ、直ちにそういう指示を出していただきたい。いかがでしょうか。

○村井国務大臣　今、佐々木委員と政府参考人の答弁との間のやりとりをずっと拝聴しておりまして、私も過去、金融の政務次官をやらせていただきましたり、あるいは副大臣をやらせていただきましたり、委員の御指摘になられる御懸念の問題、ある程度土地カンもあるわけでございます。

一方、警察の立場から申しますと、なかなかこれは事件化が非常に難しい面もまたあるわけでございます。実際に詰めてまいりますと、一体どこまできちんとした裁判にたえる証拠を挙げることができるかというあたりの問題もございます。また、いわゆる被害者とされる方々のおっしゃることをどこまで立証できるかというような問題もございます。

そういう困難な問題がいろいろございますけれども、しかし警察として、こういう悪質な業者による被害の蔓延と申しましょうか、そういう事態を放置しておくわけにはまいらない、これは当然のことでございまして、これまでもいろいろな形でこういう事犯につきましての関心というものは、私どもとしましても注意喚起をしているところでございますけれども、かりそめにも委員御指摘のような状態がこれからも続くということのないように、私といたしましても警察当局を督励してまいりたい、こんなふうに感じながら今委員の御質疑を拝聴していたところでございます。

○佐々木(憲)委員　具体的に指示をきちっと出していただきたいと思うんです。一般的な督励というのはわかりますけれども、そうではなくて、やはり全国の末端の警察の市民に対する対応の姿勢そのものが今問われていると思いますので、具体的に指示をぜひ出していただきたい。いかがでしょうか。

○黒澤政府参考人　実は、昨今の諸情勢にかんがみまして、昨年の七月でございますけれども、警察庁から都道府県警察に対しまして、金融事犯に対する取り締まりの推進についてということで具体的に通達も発出をいたしておるところでございます。

それで、先ほど、事件数で申し上げましたけれども、これはあくまでも一つの事件という数え方でございまして、事件数でもここ数年来検挙が増加をいたしておりまして、検挙人員で見てみますと、例えば昨年は九十九の事件数でありますけれども二百十九人、これが多いか少ないかの議論はあろうかとは思いますけれども、二百十九人を検挙いたしておるところでございまして、金融事犯の検挙につきましては、ここ数年来増加の傾向にございまして、私ども、努力をいたしておるところでございますけれども、今後一層の努力をしてまいりたいと存じます。

○佐々木(憲)委員　昨年七月に出したというんですけれども、改めてもう一度きちっと通達ぐらいは出すというのは今のような状況を考えますと当然だと思うんですけれども、大臣、最後にそういう決意をぜひ示していただきたいと思います。

○村井国務大臣　委員十分御認識のとおり、警察と私ども国家公安委員会との関係というのもございますので、国家公安委員会におきまして、きょうの御議論など、いつもやっていることでございますが、国会での御議論というのを十分に御披露申し上げ、また御相談をさせていただきました上で適切な対応をとらせていただきたい、このように考える次第でございます。

○佐々木(憲)委員　もう時間が終わりますけれども、今回こういう事案がふえているということを私も再確認してびっくりしたんですが、やはり、現在の不況の非常に長期的な深刻な状況が続いているということ、それから、そういう中で銀行の貸し渋りが大変深刻だということがあります。したがって、どうしても、こういうサラ金ですとか、あるいは果ては町金ですとか、そういう違法な業者にひっかかるケースというのは非常にふえているわけです。

したがいまして、違法を違法としてきちっと取り締まるということをやらないと、やはり国民の生活、国民の営業というものが大変な不安に陥ることになりますので、今後、こういう点できちっとした指導をされるように繰り返し申し上げまして、質問を終わらせていただきます。どうもありがとうございました。

○大島委員長　これにて佐々木君の質疑は終了いたしました。

資料5　関連法規（抜粋）

①出資法（出資の受入れ、預り金及び金利等の取締りに関する法律）〈抜粋〉

第五条（高金利の処罰）　金銭の貸付を行う者が、年百九・五パーセント（二月二十九日を含む一年については年百九・八パーセントとし、一日当たりについては〇・三パーセントとする。）を超える割合による利息（債務の不履行について予定される賠償額を含む。以下同じ。）の契約をし、又はこれを超える割合による利息を受領したときは、三年以下の懲役若しくは三百万円以下の罰金に処し、又はこれを併科する。

2　前項の規定にかかわらず、金銭の貸付を行う者が業として金銭の貸付を行う場合において、年二九・二パーセント（二月二十九日を含む一年については年二九・二八パーセントとし、一日当たりについては〇・〇八パーセントとする。）を超える割合による利息の契約をし、又はこれを超える割合による利息を受領したときは、三年以下の懲役若しくは三百万円以下の罰金に処し、又はこれを併科する。

3　前二項の規定の適用については、貸付の期間が十五日未満であるときは、これを十五日として利息を計算するものとする。

4　第一項及び第二項の規定の適用については、利息を天引きする方法による金銭の貸付にあっては、その交付額を元本額として利息を計算するものとする。

5　一年分に満たない利息を元本に組み入れる契約がある場合においては、元利金のうち当初の元本を超える金額を利息とみなして第一項及び第二項の規定を適用する。

6　金銭の貸付を行う者がその貸付に関し受ける金銭は、礼金、割引料、手数料、調査料その他何らの名義をもってするを問わず、利息とみなして第一項及び第二項の規定を適用する。

第八条（その他の罰則）　左の各号の一に該当する者は、三年以下の懲役若しくは三百万円以下の罰金に処し、またはこれを併科する。

一　第一条、第二条第一項、第三条又は第四条第一項の規定に違反した者

二　何らの名義をもってするを問わず、また、いかなる方法をもってするを問わず、第一条、第二条第一項、第三条、第四条第一項又は第五条第一項若しくは第二項の規定に係る禁止を免かれる行為をした者

2　前項の規定中第一条及び第三条に係る部分は、刑法に正条がある場合には、適用しない。

第九条　法人（法人でない社団又は財団で代表者又は管理人の定めのあるものを含む。以下この項において同じ。）の代表者又は法人若しくは人の代理人、使用人その他の従業者が法人又は人の業務又は財産に関して第五条又は前条（第三条に係る部分を除く。）の違反行為をしたときは、その行為者を罰する外、その法人又は人に対して各本条の罰金刑を科する。

2　前項の規定により法人でない社団又は財団を処罰する場合においては、その代表者又は管理人がその訴訟行為につきその社団又は財団を代表する外、法人を被告人とする場合の刑事訴訟に関する法律の規定を準用する。

②貸金業規制法（貸金業の規制等に関する法律）〈抜粋〉

第二章　登録

第三条（登録）　貸金業を営もうとする者は、二以上の都道府県の区域内に営業所又は事務所を設置してその事業を営もうとする場合にあっては内閣総理大臣の、一の都道府県の区域内にのみ営業所又は事務所を設置してその事業を営もうとする場合にあっては当該営業所又は事務所の所在地を管轄する都道府県知事の登録を受けなければならない。

2　前項の登録は、三年ごとにその更新を受けなければ、その期間の経過によって、その効力を失う。

3　第一項の登録のうち内閣総理大臣の登録を受けようとする者は、登録免許税法（昭和四十二年法律第三十五号）の定めるところにより登録免許税を、前項の登録の更新のうち内閣総理大臣の登録の更新を受けようとする者は、政令の定めるところにより手数料を、それぞれ納めなければならない。

第六条（登録の拒否）　内閣総理大臣又は都道府県知事は、第三条第一項の登録を受けようとする者が次の各号のいずれかに該当するとき、又は登録申請書若しくはその添付書類のうちに重要な事項について虚偽の記載があり、若しくは重要な事実の記載が欠けているときは、その登録を拒否しなければならない。

一　成年被後見人又は被保佐人

二　破産者で復権を得ないもの

三　第三十七条第一項又は第三十八条第一項の規定により登録を取り消され、その取消しの日から三年を経過しない者（当該登録を取り消された者が法人である場合においては、当該取消しの日前三十日以内に当該法人の役員であった者で当該取消しの日から三年を経過しないものを含む。）

四　禁錮以上の刑に処せられ、その刑の執行を終わり、又は刑の執行を受けることがなくなった日から三年を経過しない者

五　この法律、出資の受入れ、預り金及び金利等の取締りに関する法律（昭和二十九年法律第百九十

五号）若しくは旧貸金業者の自主規制の助長に関する法律（昭和四十七年法律第百二号）の規定に違反し、又は貸付の契約の締結若しくは当該契約に基づく債権の取立てに当たり、物価統制令（昭和二十一年勅令第百十八号）第十二条の規定に違反し、若しくは刑法（明治四十年法律第四十五号）若しくは暴力行為等処罰に関する法律（大正十五年法律第六十号）の罪を犯し、罰金の刑に処せられ、その刑の執行を終わり、又は刑の執行を受けることがなくなった日から三年を経過しない者

六　営業に関し成年者と同一の能力を有しない未成年者でその法定代理人が前各号のいずれかに該当するもの

七　法人でその役員又は政令で定める使用人のうちに第一号から第五号までのいずれかに該当する者のあるもの

八　個人で政令で定める使用人のうちに第一号から第五号までのいずれかに該当する者のあるもの

2　内閣総理大臣又は都道府県知事は、前項の規定により登録を拒否したときは、遅滞なく、その理由を示して、その旨を申請者に通知しなければならない。

第十一条（無登録営業等の禁止）　第三条第一項の登録を受けない者は、貸金業を営んではならない。

2　貸金業者は、貸金業者登録簿に登録された営業所又は事務所以外の営業所又は事務所を設置して貸金業を営んではならない。

第三章　業務

第十四条（貸付条件の掲示）　貸金業者は、内閣府令で定めるところにより、営業所又は事務所ごとに、顧客の見やすい場所に、次の各号に掲げる事項を掲示しなければならない。

一　貸付の利率（利息及びみなし利息（礼金、割引金、手数料、調査料、その他何らの名義をもってするを問わず、金銭の貸付に関し債権者の受ける元本以外の金銭（契約の締結及び債務の弁済の費用を除く。）をいう。以下この号において同じ。）

の総額（一年分に満たない利息及びみなし利息を元本に組み入れる契約がある場合にあっては、当該契約に基づき元本に組み入れられた金銭を含む。）を内閣府令で定める方法によって算出した元本の額で除して得た年率（当該年率に小数点以下三位未満の端数があるときは、これを切り捨てるものとする。）を百分率で表示するものをいう。以下同じ。）

二　返済の方式

三　返済期間及び返済回数

四　日賦貸金業者（出資の受入れ、預り金及び金利等の取締りに関する法律の一部を改正する法律（昭和五十八年法律第三十三号）附則第九項に規定する日賦貸金業者をいう。以下同じ。）である場合にあっては、その旨、同項に規定する業務の方法（同項第一号の内閣府令の内容を含む。）及び日賦貸金業者は同項に規定する業務の方法以外の方法により貸金業を営むことができない旨

五　前三号に掲げるもののほか、内閣府令で定める事項

第十五条（貸付条件の広告）　貸金業者は、貸付の条件について広告するときは、内閣府令で定めるところにより、次の各号に掲げる事項を表示しなければならない。

一　貸付の利率

二　日賦貸金業者である場合にあっては、前条第四号に掲げる事項

三　前二号に掲げるもののほか、内閣府令で定める事項

第十六条（誇大広告の禁止）　貸金業者は、その業務に関して広告をするときは、貸付の利率その他の貸付の条件について、著しく事実に相違する表示をし、又は実際のものよりも著しく有利であると人を誤認させるような表示をしてはならない。

第十七条（書面の交付）　貸金業者は、貸付に係る契約を締結したときは、遅滞なく、内閣府令で定めるところにより、次の各号に掲げる事項についてその契約の内容を明らかにする書面をその相手方に交付しなければならない。

一　貸金業者の商号、名称又は氏名及び住所

二　契約年月日
三　貸付の金額
四　貸付の利率
五　返済の方式
六　返済期間及び返済回数
七　賠償額の予定（違約金を含む。以下同じ。）に関する定めがあるときは、その内容
八　日賦貸金業者である場合にあっては、第十四条第四号に掲げる事項
九　前各号に掲げるもののほか、内閣府令で定める事項

2　貸金業者は、貸付に係る契約について保証契約を締結しようとするときは、当該保証契約を締結するまでに、内閣府令で定めるところにより、次に掲げる事項を明らかにし、当該保証契約の内容を説明する書面を当該保証人となろうとする者に交付しなければならない。
一　貸金業者の商号、名称又は氏名及び住所
二　保証期間
三　保証金額
四　保証の範囲に関する事項で内閣府令で定めるもの
五　保証人が主たる債務者と連帯して債務を負担するときは、その旨
六　日賦貸金業者である場合にあっては、第十四条第四号に掲げる事項
七　前各号に掲げるもののほか、内閣府令で定める事項

3　貸金業者は、貸付に係る契約について保証契約を締結したときは、遅滞なく、内閣府令で定めるところにより、当該保証契約の内容を明らかにする事項で前項各号に掲げる事項その他の内閣府令で定めるものを記載した書面を当該保証人に交付しなければならない。

4　貸金業者は、貸付に係る契約について保証契約を締結したときは、遅滞なく、内閣府令で定めるところにより、第一号各号に掲げる事項について当該貸付に係る契約の内容を明らかにする書面を当該保証人に交付しなければならない。貸金業者が、貸付に係る契約で保証契約に係るものを締結したときにお

いても、同様とする。

第十八条（受取証書の交付）　貸金業者は、貸付の契約に基づく債権の全部又は一部について弁済を受けたときは、その都度、直ちに、内閣府令で定めるところにより、次の各号に掲げる事項を記載した書面を当該弁済をした者に交付しなければならない。

一　貸金業者の商号、名称又は氏名及び住所

二　契約年月日

三　貸付の金額（保証契約にあっては、保証に係る貸付の金額。次条及び第二十条において同じ。）

四　受領金額及びその利息、賠償額の予定に基づく賠償金又は元本への充当額

五　受領年月日

六　前各号に掲げるもののほか、内閣府令で定める事項

2　前項の規定は、預金又は貯金の口座に対する払込みその他内閣府令で定める方法により弁済を受ける場合にあっては、当該弁済をした者の請求があった場合に限り、適用する。

第二十条（白紙委任状の取得の制限）　貸金業者は、貸付の契約について、債務者又は保証人から、これらの者が当該貸付の契約に基づく債務の不履行の場合に直ちに強制執行を受けるべきことを記載した公正証書の作成を公証人に嘱託することを代理人に委任することを証する書面（以下「委任状」という。）を取得する場合においては、当該貸付の契約における貸付の金額、貸付の利率その他内閣府令で定める事項を記載していない委任状を取得してはならない。

第二十一条（取立て行為の規制）　貸金業者又は貸金業者の貸付の契約に基づく債権の取立てについて貸金業者その他の者から委託を受けた者は、貸付の契約に基づく債権の取立てをするに当たって、人を威迫し又はその私生活若しくは業務の平穏を害するような言動により、その者を困惑させてはならない。

2　貸金業者または貸金業者の貸付の契約に基づく債権の取立てについて貸金業者その他の者から委託を受けた者は、貸付の契約に基づく債権の取立てをするに当たり、相手方の請求があったときは、貸金業者の商号、名称又は氏名及びその取立てを行う者の

氏名その他内閣府令で定める事項を、その相手方に明らかにしなければならない。

第二十四条（債権譲渡等の規制）　貸金業者は、貸付けに係る契約に基づく債権を他人に譲渡するに当たっては、その者に対し、当該債権が貸金業者の貸付けに係る契約に基づいて発生したことその他内閣府令で定める事項並びにその者が当該債権に係る貸付けの契約に基づく債権に関してする行為について第十七条、第十八条、第二十条から第二十二条まで、第四十二条及びこの項の規定（抵当証券法（昭和六年法律第十五号）第一条第一項に規定する抵当証券に記載された債権については第十七条の規定を除き、これらの規定に係る罰則を含む。）の適用がある旨を、内閣府令で定める方法により、通知しなければならない。

2　第十七条、第十八条、第二十条から第二十二条まで、第四十二条及び前項の規定（抵当証券法第一条第一項に規定する抵当証券に記載された債権については、第十七条の規定を除く。）は、貸金業者の貸付けに係る契約に基づく債権の譲渡があった場合における当該債権を譲り受けた者について準用する。この場合において、第十七条、第十八条第一項、第二十条、第二十二条及び前項中「貸金業者の貸付けに係る契約に基づく債権を譲り受けた者は」と、第十七条第一項中「貸付けに係る契約を締結したとき」とあるのは「当該債権を譲り受けたとき」と、「その契約」とあるのは「当該譲り受けた債権」と、「その相手方」とあるのは「当該譲り受けた債権に係る債務者」と、同項第一号中「貸金業者」とあるのは「債権を譲り受けた者及び当該債権に係る貸付けに係る契約を締結した貸金業者」と、同項第二号中「契約年月日」とあるのは「債権の譲受年月日及び当該債権に係る貸付けに係る契約の契約年月日」と、同項第三号中「金額」とあるのは「金額及び譲り受けた債権の額」と、同条第二項中「貸付けに係る契約」とあるのは「当該譲り受けた債権」と、同項第一号中「貸金業者」とあるのは「債権を譲り受けた者及び当該債権に係る貸付けに係る契約を締結した貸金業者」と、同条第三項中「貸付けに係る契約」とあるのは「当該譲り受けた債権」と、「保証契約を締結したとき」とあるのは「保証契約が締結されているとき又は新たに保証契約を締結したとき」と、「前項各号」とあるのは「第二十四条第二項の規定により読み替えられた前項各号」と、同条第四項中「貸付に係る契約について保証契約を締結したとき」とあるのは「当該譲り受けた債権について保証契約が締結されているとき又は新たに保証契約を締結したとき」と、「第一号各号」とあるのは「第二十四条第二項の規定により読み替えられた第一項各号」と、「当該貸付に係る契約」とあるのは「当該譲り受けた債権」と、第十八条第一項中「貸付の契約」とあるのは「当該譲り受けた債権に係る貸付の契約」と、同条第一号中「貸金業者」とあるのは「債権を譲り受けた者及び当該債権に係る貸付の契約を締結した者」と、同項第二号中「契約年月日」とあるのは「債権の譲受年月日及び当該債権に係る貸付の契約の契約年月日」と、同項第三号中「貸付の金額」とあるのは「譲り受けた債権の額及び貸付の金額」と、第二十条中「貸付の契約について」とあるのは「当該譲り受けた債権に係る貸付の契約について」と、第二十一条中「貸金業者又は貸金業者の」とあるのは「貸金業者の貸付に係る契約に基づく債権を譲り受けた者又は当該譲り受けた債権に係る」と、「貸金業者その他の者」とあるのは「当該債権を譲り受けた者その他の者」と、「貸付の契約」とあるのは「当該譲り受けた債権に係る貸付の契約」と、同条第二項中「貸金業者の商号」とあるのは「当該債権を譲り受けた者の商号」と、第二十二条中「貸付の契約」とあるのは「当該譲り受けた債権に係る貸付の契約」と、第四十二条第一項及び第二項中「内閣総理大臣又は都道府県知事は、その登録を受けた貸金業者」とあるのは「都道府県知事は貸金業者の貸付に係る契約に基づく債権を譲り受けた者で当該都道府県の区域内に営業所又は事務所（営業所又は事務所を有しない者にあっては、住所又は居所）を有するもの」と、前項中「貸付に係る契約に基づく債権」とあるのは「当該譲り受けた債権」と読み替えるものとする。

3　貸金業者は、貸付の契約に基づく債権の譲渡又は取立ての委託（以下「債権譲渡等」という。）をしようとする場合において、その相手方が貸付の契約に基づく債権の取立てに当たり第二十一条第一項（前項において準用する場合を含む。）の規定に違反し、若しくは刑法若しくは暴力行為等処罰に関する法律の罪を犯すおそれが明らかである者（以下この項において「取立て制限者」という。）であることを知り、若しくは知ることができるとき、又は当該債権譲渡等の後取立て制限者が当該債権の債権譲渡等を受けることを知り、若しくは知ることができるときは、当該債権譲渡等をしてはならない。

4　貸金業者は、政令で定める密接な関係を有する者に貸付の契約に基づく債権の債権譲渡等をしたときは、その相手方が当該債権の取立てに当たり第二十一条第一項（第二項において準用する場合を含む。）の規定に違反し、又は刑法若しくは暴力行為等処罰に関する法律の罪を犯さないように、相当の注意を払わなければならない。

第五章　監督

第三十六条（業務の停止）　内閣総理大臣又は都道府県知事は、その登録を受けた貸金業者が次の各号の一に該当する場合においては、当該貸金業者に対し、一年以内の期間を定めて、その業務の全部又は一部の停止を命ずることができる。

一　第八条第一項、第十一条第二項、第十二条、第十四条から第二十三条まで、第二十四条第一項、第二十四条の二第一項、第二十四条の三第一項、第二十四条の四第一項又は第二十四条の五第一項（第二十四条第二項、第二十四条の二第二項、第二十四条の三第二項、第二十四条の四第二項及び第二十四条の五第二項においてこれらの規定を準用する場合を含む。）の規定に違反したとき。

二　貸付の契約に基づく債権譲渡等をした場合において、次の場合のいずれにも該当することとなったとき。

イ　当該貸金業者が、当該債権譲渡等に当たりその相手方が取立て制限者（第二十四条第三項の取立て制限者をいう。以下この号において同じ。）であることを知らなかったことにつき相当の理由があることを証明できなかったとき、又は当該債権譲渡等に当たり当該債権譲渡等の後取立て制限者が当該債権の債権譲渡等を受けることを知らなかったことにつき相当の理由があることを証明できなかったとき。

ロ　当該債権譲渡等を受けた取立て制限者又は当該債権譲渡等の後当該債権の債権譲渡等を受けた取立て制限者が、当該債権の取立てをするに当たり、第二十一条第一項（第二十四条第二項において準用する場合を含む。）の規定に違反し、又は刑法若しくは暴力行為等処罰に関する法律の罪を犯したとき。

三　保証業者と貸付に係る契約について保証契約を締結した場合において、次の場合のいずれにも該当することとなったとき。

イ　当該貸金業者が、当該保証契約の締結に当たりその保証業者が取立て制限者（第二十四の二第三項の取立て制限者をいう。以下この号において同じ。）であることを知らなかったことにつき相当の理由があることを証明できなかったとき、又は当該保証契約の締結の後取立て制限者が当該保証等に係る求償権等の債権譲渡等を受けることを知らなかったことにつき相当の理由があることを証明できなかったとき。

ロ　当該保証契約の締結を行った取立て制限者又は当該保証契約の締結の後当該保証等に係る求償権等の債権譲渡等を受けた取立て制限者が、当該保証等に係る求償権等の取立てをするに当たり、第二十四条の二第二項において準用する第二十一条第一項の規定に違反し、又は刑法若しくは暴力行為等処罰に関する法律の罪を犯したとき。

四　貸付の契約に基づく債務の弁済を他人に委託した場合において、次の場合のいずれにも該当することとなったとき。

イ　当該貸金業者が、当該弁済の委託に当たりその相手方が取立て制限者（第二十四条の三第三項の取立て制限者をいう。以下この号において同じ。）であることを知らなかったことにつき相当の理由があることを証明できなかったとき、又は当該弁済の委託の後取立て制限者が当該受託弁済に係る求償権等の債権譲渡等を受けることを知らなかったことにつき相当の理由があることを証明できなかったとき。

ロ　当該受託弁済に係る求償権等を取得した取立て制限者又は当該受託弁済に係る求償権等の取得の後当該受託弁済に係る求償権等の債権譲渡等を受けた取立て制限者が、当該受託弁済に係る求償権等の取立てをするに当たり、第二十四条の三第二項において準用する第二十一条第一項の規定に違反し、又は刑法若しくは暴力行為等処罰に関する法律の罪を犯したとき。

五　貸金業者からその貸付に係る契約に基づく債権の債権譲渡等を受けた者が、当該貸金業者と政令で定める密接な関係を有する場合において、当該債権譲渡等を受けた者が、当該債権の取立てをするに当たり、第二十一条第一項（第二十四条第二項において準用する場合を含む。）の規定に違反し、又は刑法若しくは暴力行為等処罰に関する法律の罪を犯したときであって、このような行為を行わないように当該貸金業者が相当の注意を払ったことを証明できなかったとき。

六　保証等に係る求償権等を取得した保証業者が当該貸金業者と政令で定める密接な関係を有する場合において、当該保証業者が、当該保証等に係る求償権等の取立てをするに当たり、第二十四条の二第二項において準用する第二十一条第一項の規定に違反し、又は刑法若しくは暴力行為等処罰に関する法律の罪を犯したときであって、このような行為を行わないように当該貸金業者が相当の注意を払ったことを証明できなかったとき。

七　受託弁済に係る求償権等を取得した受託弁済者が当該貸金業者と政令で定める密接な関係を有する場合において、当該受託弁済者が、当該受託弁済に係る求償権等の取立てをするに当たり、第二十四条の三第二項において準用する第二十一条第一項の規定に違反し、又は刑法若しくは暴力行為等処罰に関する法律の罪を犯したときであって、このような行為を行わないように当該貸金業者が相当の注意を払ったことを証明できなかったとき。
八　この法律の規定に基づく内閣総理大臣又は都道府県知事の処分に違反したとき。
九　出資の受入れ、預り金及び金利等の取締りに関する法律の規定に違反し、又は貸付の契約の締結若しくは当該契約に基づく債権の取立てに当たり、物価統制令第十二条の規定に違反し、若しくは刑法若しくは暴力行為等処罰に関する法律の罪を犯したとき。
第三十七条（登録の取消し）　内閣総理大臣又は都道府県知事は、その登録を受けた貸金業者が次の各号の一に該当する場合においては、その登録を取り消さなければならない。
一　第六条第一項第一号又は第四号から第八号までの一に該当するに至ったとき。
二　第七条各号の一に該当して引き続き貸金業を営んでいる場合において、新たに受けるべき第三条第一項の登録を受けていないことが判明したとき。
三　不正の手段により第三条第一項の登録を受けたとき。
四　前条第一項各号の一に該当し情状が特に重いとき、又は同条の規定による業務の停止の処分に違反したとき。
2　第五条第二項の規定は、前項の処分があった場合に準用する。

第七章　罰則

第四十七条　次の各号の一に該当する者は、三年以下の懲役若しくは三百万円以下の罰金に処し、又はこれを併科する。
一　不正の手段によって第三条第一項の登録を受けた者
二　第十一条第一項の規定に違反した者
三　第十二条の規定に違反して他人に貸金業を営ませた者
四　第三十六条の規定による業務の停止の命令に違反して業務を営んだ者

第四十八条　次の各号の一に該当する者は、一年以下の懲役若しくは三百万円以下の罰金に処し、又はこれを併科する。

一　第十一条第二項の規定に違反した者

二　第十六条の規定に違反した者

三　第二十一条第一項（第二十四条第二項、第二十四条の二第二項、第二十四条の三第二項、第二十四条の四第二項及び第二十四条の五第二項において準用する場合を含む。）の規定に違反した者

四　第三十五条第一項の規定による報告若しくは資料の提出をせず、虚偽の報告若しくは虚偽の資料の提出をし、同項の規定による検査を拒み、妨げ、若しくは忌避し、又は同項の規定による質問に対して答弁をせず、若しくは虚偽の答弁をした者

五　第四十一条の二の規定による事業報告書を提出せず、又は虚偽の記載をした事業報告書を提出した者

六　第四十二条第一項（第二十四条第二項、第二十四条の二第二項、第二十四条の三第二項、第二十四条の四第二項及び第二十四条の五第二項において準用する場合を含む。）の規定による報告をせず、又は虚偽の報告をした者

七　第四十二条第二項（第二十四条第二項、第二十四条の二第二項、第二十四条の三第二項、第二十四条の四第二項及び第二十四条の五第二項において準用する場合を含む。以下この号において同じ。）の規定による検査を拒み、妨げ、若しくは忌避し、又は第四十二条第二項の規定による質問に対して答弁をせず、若しくは虚偽の答弁をした者

第四十九条　次の各号の一に該当する者は、百万円以下の罰金に処する。

一　第四条第一項の登録申請書又は同条第二項の書類に虚偽の記載をして提出した者

二　第十四条又は第十五条の規定に違反した者

三　第十七条第一項から第四項まで又は第十八条第一項（第二十四条第二項、第二十四条の二第二項、第二十四条の三第二項、第二十四条の四第二項及び第二十四条の五第二項においてこれらの規定を準用する場合を含む。）の規定に違反して書

面を交付せず、又はこれらの規定に規定する事項を記載しない書面若しくは虚偽の記載をした書面を交付した者

四　第十九条の規定に違反して帳簿を備え付けず、これに同条に規定する事項を記載せず、若しくは虚偽の記載をし、又はこれを保存しなかった者

五　第二十条（第二十四条第二項、第二十四条の二第二項、第二十四条の三第二項、第二十四条の四第二項及び第二十四条の五第二項において準用する場合を含む。以下この号において同じ。）の規定に違反して、第二十条に規定する事項を記載しない委任状を取得した者

六　第二十一条第二項（第二十四条第二項、第二十四条の二第二項、第二十四条の三第二項、第二十四条の四第二項及び第二十四条の五第二項において準用する場合を含む。）又は第二十三条の規定に違反した者

七　第二十四条第一項（同条第二項において準用する場合を含む。）、第二十四条の二第一項、第二十四条の三第一項、第二十四条の四第一項（同条第二項において準用する場合を含む。）又は第二十四条の五第一項（同条第二項において準用する場合を含む。）の規定に違反した者

八　第三十四条第二項の規定に違反した者

第五十条　次の各号の一に該当する者は、五十万円以下の罰金に処する。

一　第八条第一項又は第十条第一項の規定による届出をせず、又は虚偽の届出をした者

二　第八条第三項において準用する第四条第二項の書類に虚偽の記載をして提出した者

第五十一条　法人（人格のない社団又は財団で代表者又は管理人の定めのある者を含む。以下この項において同じ。）の代表者若しくは管理人又は法人若しくは人の代理人、使用人その他の従業者が、その法人又は人の業務に関して前四条の違反行為をしたときは、行為者を罰するほか、その法人又は人に対しても、各本条の罰金刑を科する。

2　人格のない社団又は財団について前項の規定の適用がある場合には、その代表者又は管理人が、その訴訟行為につきその人格のない社団又は財団を代表

するほか、法人を被告人又は被疑者とする場合の刑事訴訟に関する法律の規定を準用する。

第五十二条　次の各号の一に該当する者は、十万円以下の過料に処する。

一　第二十二条（第二十四条第二項、第二十四条の二第二項、第二十四条の三第二項、第二十四条の四第二項及び第二十四条の五第二項において準用する場合を含む。）の規定に違反した者

二　正当な理由がないのに第三十二条の名簿の閲覧を拒んだ者

三　第三十四条第一項の規定に違反した者

③「貸金業規制法」に関する金融庁の事務ガイドライン〈抜粋〉

第二　業務

3　取立て行為の規制

（1）貸金業者等がしてはならない行為

イ　貸金業者又は債権の取立てについて委託を受けた者は、債務者、保証人等を威迫する次のような言動を行ってはならない。

（イ）暴力的な態度をとること。

（ロ）大声をあげたり、乱暴な言葉を使ったりすること。

（ハ）多人数で押し掛けること等。

ロ　債務者、保証人等の私生活又は業務の平穏を害する次のような言動は行ってはならない。

（イ）正当な理由なく、午後九時から午前八時まで、その他不適当な時間帯に、電話で連絡し若しくは電報を送達し又は訪問すること。

（ロ）反復又は継続して、電話で連絡し若しくは電報を送達し又は訪問すること。

（ハ）はり紙、落書き、その他いかなる手段であるかを問わず、債務者の借入れに関する事実、その他プライバシーに関する事項等をあからさまにすること。

（ニ）勤務先を訪問して、債務者、保証人等を困惑させたり、不利益を被らせたりすること。

ハ　その他、債務者、保証人等に対し、次のよう

な行為をしてはならない。

（イ）他の貸金業者からの借入れ又はクレジットカードの使用等により弁済することを要求すること。

（ロ）債務処理に関する権限を弁護士に委任した旨の通知、又は、調停破産その他裁判手続きをとったことの通知を受けた後に、正当な理由なく支払請求をすること。

ニ　法律上支払義務のない者に対し、支払請求をしたり、必要以上に取立てへの協力を要求したりしてはならない。

ホ　その他正当とは認められない方法によって請求をしたり取立てをしたりしてはならない。

（2）協会が執るべき措置

協会は、法第二十一条及び上記（1）の規定の趣旨に沿って取立て行為の自主規制基準を作成する。

④利息制限法

第一条（利息の最高限）　金銭を目的とする消費貸借上の利息の契約は、その利息が左の利率により計算した金額を超えるときは、その超過部分につき無効とする。

元本が十万円未満の場合　年二割

元本が十万円以上百万円未満の場合　年一割八分

元本が百万円以上の場合　年一割五分

2　債務者は、前項の超過部分を任意に支払ったときは、同項の規定にかかわらず、その返還を請求することができない。

第二条（利息の天引）　利息を天引した場合において、天引額が債務者の受領額を元本として前条第一項に規定する利率により計算した金額を超えるときは、その超過部分は、元本の支払に充てたものとみなす。

第三条（みなし利息）　前二条の規定の適用については、金銭を目的とする消費貸借に関し債権者の受ける元本以外の金銭は、礼金、割引金、手数料、調査料その他何らの名義をもってするを問わず、利息とみなす。但し、契約の締結及び債務の弁済の費用は、この限りでない。

第四条（賠償額予定の制限）　金銭を目的とする消費貸借上の債務の不履行による賠償額の予定は、その賠償額の元本に対する割合が第一条第一項に規定する率の一・四六倍を超えるときは、その超過部分につき無効とする。

2　第一条第二項の規定は、債務者が前項の超過部分を任意に支払った場合に準用する。

3　前二項の規定の適用については、違約金は、賠償額の予定とみなす。

資料6　ヤミ金融関連の新聞記事・社説

2001年8月1日 ニッポン消費者新聞

ヤミ金融　広がる深刻な被害

年利73000％のケースも「ヤミ金融一一〇番」で明らかに

七月十二日に行なわれた「ヤミ金融一一〇番」の集計結果がまとまり、発表された。ヤミ金融は、出資法違反の超高金利の貸付を行なっているが、全国から寄せられた四百三十六件の相談の中には、年利七万三千%の悪質なケースや、子供の学校に取り立ての電話をかけるなど、深刻な被害の状況が明らかになった。

「全国ヤミ金融対策会議」(代表幹事・宇都宮健児弁護士)は、七月十二日に行なった「ヤミ金融一一〇番」の相談内容をまとめ、発表した。

「ヤミ金融一一〇番」は全国十三カ所で一斉に行なわれ、一日で四百三十六件の相談が寄せられた。

百七十二件と最も多くの相談があった東京市民法律事務所では午前十時から午後五時まで六台の電話が鳴りっぱなし。相談は、北海道から九州までほぼ日本全域にわたった。

一〇代や高齢者からの相談も

東京市民法律事務所に寄せられた百七十二件の集計結果によると、相談者は債務者本人が八十人と最も多く、次いで債務者の親族が二十四人、債務者の子供が十五人、親が十二人と続いた。会社の上司・同僚・部下や、友人からの相談もあった。

債務者の年齢は四十代が二十六人と最も多く、ついで五十代・二十三人、三十代・十七人と続く。七十代が六人、十代が二人いた。性別は男性七十九人、女性四十人。

ヤミ金融を知った経緯としては、ダイレクトメールが最も多く四十七人、次いで電話勧誘・十八人、スポーツ新聞広告などが八人と続いた。

貸付利息は、十日で五割(年利換算千八百二十五%)が最も多く十二人、次いで、十日で四割が五人、十日で一割・十日で二割・十日で三割が四人ずつと続いた。

なかには一日で二十割(年利換算七万三千%)というものもあった。

特徴的な相談事例としては「兄弟に取り立て。夜十一時頃に電話がかかってくる(大阪)」、「ヤミ金融の脅迫的取り立てで会社を解雇され、離婚せざるを得なくなる(宮崎)」、「電話での取り立てが厳しい(千葉)」、「妻がノイローゼになるくらい電話がかかりっぱなし(東京)」、「町内の人、姉の職場、子供の学校などに電話がある。警察にも言ったが、警察がヤミ金融業者に電話するたびに子供の学校に電話が入る(千葉)」といった厳しい取り立てに関する相談や、「携帯にいきなり勧誘の電話があった(北海道)」、「チラシをみて連絡したところ、信用をつけるためと言われ、サラ金から五十万円借りさせられた。四十五万円を相手に振り込んだ。その後その業者は行方不明になった」など、チラシや携帯電話などでの勧誘の実態が明らかになった。

また「風俗店で働かされている(東京)」、「年金担保の高利。三十万円借りて受取は二十四万円。二カ月で三十万円払うのを七~八回繰り返した。同じような高齢者がたくさん借りに来ていた(東京)」などのように、女性や高齢者の深刻な相談もあった。

これらの相談結果を踏まえ全国ヤミ金融対策会議の代表幹事・宇都宮健児弁護士は「ヤミ金融の被害がいかに広域化しかつ深刻化しているかを示す衝撃的な『ヤミ金融一一〇番』となった」と総評している。

2001年6月25日 朝日新聞（夕刊）

違法金利で荒稼ぎ／摘発前に名義替え

新トイチ金融、苦情殺到

「トイチ」と呼ばれる新手の貸金業者が急増している。10日で1割の高金利を取るヤミ金融とは別の、東京都知事登録の業者だ。昨年6月に出資法の貸出上限金利が引き下げられたのを機に、採算がとれなくなった業者が違法金利で生き残ろうと悪質化し、検査の手薄な都への新規登録が増えたらしい。ダイレクトメールや広告で全国的に営業攻勢をかけており、都や他の自治体には苦情や相談が殺到している。

全国から都に寄せられたトラブルの事例

■北海道・女性　チラシを見て電話し、指示に従って大手消費者金融から50万円借りた。「うちが手配したから大手から借りられた」と業者に仲介手数料25万円を請求され、振り込んでしまった。

■岩手県・女性　金利4％とうたったチラシを見て、電話で4万円申し込んだ。手数料を引いた3万7000円が振り込まれた後、10日ごとに1万7000円を5回支払うよう請求されている。

■愛知県・男性　都登録の番号の入った広告を見て電話したところ、駅前に呼び出され、近くの消費者金融へ行くよう指示された。30万円借りると、うち15万円を手数料としてとられた。

■福井県・女性　情報誌を見て電話。住所、電話番号、家族構成などを聞かれ、2万5千円が振り込まれた。その後10日ごとに8000円を4回支払う。5回目が滞ると「家族や近所にばらすぞ」と電話で脅された。

■大阪府・男性　チラシを見て電話。他の業者を紹介され、50万円借りられたので、電話先に指示通り手数料25万円を郵送。後日「おかしい」と思い再三電話したが通じない。

■福岡県・女性　チラシを見て電話。「大手消費者金融から融資できるように手配する」といわれる。5人に働きかけたので1人5万円、合計25万円の手数料を請求され、振り込んでしまった。

（昨年度、都商工部金融課と東京都貸金業協会に寄せられた事例をもとにまとめた）

検査手薄な都に登録　全国で〝被害〟

都の新規業者は登録番号が「都(1)」で始まるため「トイチ」と呼ばれる。00年度末の都知事登録は6476業者で、前年度末に比べて7・4％増えた。増加は5年ぶりで、いっきに95年度末の水準を上回った。全国の業者数が減っているのとは対照的。うち00年度中に新規登録したのは1601業者に達し、前年度より14・7％増加した。

都の登録でも営業は全国でできる。貸金業規制法は、大手の消費者金融のように複数の都道府県に営業所を持つ業者は財務局の、それ以外は都道府県の登録を義務づけているが、都道府県登録業者による登録地以外の営業活動を制限していないためだ。

全国でスポーツ紙や夕刊紙、雑誌などに広告を掲載したり、チラシやダイレクトメールを使ったりして勧誘し、電話や携帯電話、ファクスを駆使して営業展開している。お金のやりとりは銀行振り込みが普通だ。

新規登録が増え始めたのは、上限金利が40・004％から29・2％に引き下げられた昨年6月前後。「いまのトイチは10日で3割という高金利はざら」と都貸金業協会は指摘する。

都金融課によると、新規業者は20代が多く、悪質な業者が裏で操っている可能性が高いという。登録をして高金利で荒稼ぎすると、摘発される前に営業所を閉め、再び別の名義で登録するのが悪質業者の典型だ。「都」の看板が、地方の消費者獲得に一役買っているとみられている。

00年度に都金融課へ寄せられた苦情、相談は前年度の約1・7倍の7130件に膨らんだ。うち8割以上が都外から。北海道から沖縄まであり、東京近郊県よりも遠隔地が多い。内容は、出資法の上限金利を超える高金利や紹介手数料、脅迫的な取り立てに関するものがめだつ。

福岡県経営金融課も「集計はしていないが、都登録業者に関する苦情、相談は最近になって急増している。監督権を持つ都に連絡するが、県としては対応に困っている」という。

貸金業者事務所を捜索し、郵便貯金通帳などを押収する愛媛県警捜査員ら＝9日午後5時15分ごろ、福岡市中央区小笹5丁目

2001年5月10日 愛媛新聞

福岡の貸金業者捜索

無登録で営業容疑 法定利息100倍も

県警など

郵貯通帳巧みに利用

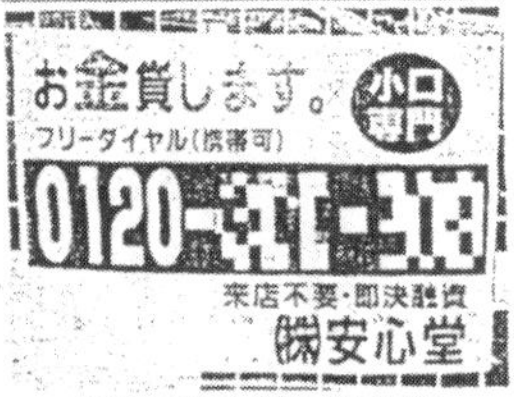

融資を勧誘する「安心堂」の看板＝9日、松山市松前町3丁目

2002 年 9 月 26 日　中日新聞

被害救済団体が全国一斉告発

どうする 多重債務者列島

ヤミ金融

取り立て暴力化

手口は巧妙化 摘発強化狙う

多重債務者らに違法な超高金利で融資する「ヤミ金融業者」による被害の救済に取り組む全国各地の団体が今月二十日と二十五日、約三千のヤミ金融業者を出資法違反で十九都県の警察当局に一斉告発した。業者が悪用して、取り立てが暴力的にエスカレート。手口も巧妙になっているため、警察に摘発強化を求めた。自殺や夜逃げをする人も出ている。悪質なヤミ金融被害を減らすことはできるのだろうか—。（白井　康彦）

「その男は『覚せい剤をやっていないか調べる』と言って私に上着を脱がせ、下着もおなかのあたりまで引き下げました。怖くて声が出せませんでした…」

二十日午後、一斉告発について「全国ヤミ金融対策会議」や「全国クレジット・サラ金被害者連絡協議会」の幹部らが、東京都内で記者会見。同席した二十六歳の女性がヤミ金融業者の営業方法について生々しく証言した。

女性は今年夏のある日、就職情報誌に出ていたヤミ金融業者の広告を見て電話し、業者の事務所に足を運んだ。広告の内容や電話の応対から普通の消費者金融業者だと思っていた。

ところが、業者の代表を名乗る男性は事務所で態度を一変させた。女性を上半身裸にし、腕組した一万円札を持たせて使い切りカメラで撮影。「逃げても、とことん追いかける」「写真は風俗雑誌に渡す」などと脅した。

融資額は十万円で、十日目で三万円の利息が必要だという。金利は年一〇九五%。出資法の上限金利29・2%の約四十倍にもなる。

女性は数日後、多重債務者の救済に取り組む「太陽の会」（東京都大田区）に相談。会の相談員らが業者と交渉し、未現像だった使い切りカメラを取り戻した。返済の催促も止まった。

■　■

多重債務者の駆け込み先になっている各地の弁護士会や市民団体には、一昨年春ぐらいからヤミ金融被害の相談が増え始め、その後、相談は増える一方。救済活動に取り組む人の間では「暴力団の影を感じる」との声も多い。

融資金額は三万円、五万円など小口であることがほとんど。返済期日は一週間先、十日先などと短く設定される。年一〇〇〇%を超す信じられないような超高金利を設定する業者もある。

取り立ては電話が中心。激しい脅し文句を並べ立てて債務者の恐怖心をあおる。債務者の家族や親せきだけでなく、職場や自宅近所の人にまで取り立て電話をかける業者が目立つようになっており、債務者は精神的に参っていってしまう。債務者の写真を撮るのも、取り立てに利用していることは間違いない。

ヤミ金融業者を一斉告発したことを記者会見で説明する弁護士、司法書士ら＝20日、東京・霞が関の弁護士会館で

本紙生活部にも三十歳代の女性から「ヤミ金融業者に全裸写真を撮られた」という電話がかかってきたことがある。

営業手法は、業者が破産者や多重債務者のところにダイレクトメールや雑誌広告で勧誘するのが一番多いパターンだが、新しい手口も次々と登場して来ている。

西日本で猛威をふるっているのが、チラシなどで勧誘して客には携帯電話の番号しか業者の連絡先を教えない「090金融」。

業者が待ち合わせ場所に車で来て、客とのやりとりをすることが多く、正体がつかみにくいため警察の摘発が難しい。最近では、多重債務者の携帯電話番号をどこかで調べ「融資枠が取れた」などと誘いの電話をかける業者もある。

本紙生活部には読者から「東京の知らない業者からダイレクトメールで八万六千円の請求を受けて困っている」という声も寄せられている。

業者は、債権を譲り受けて債権者になったと説明しているが、どこから債権を譲り受けたかの説明はない。全国クレジット・サラ金被害者連絡協議会によると、この手口を使っているのは二社あり、同協議会は「決して送金しないように」と注意を呼び掛けている。

■　■

多重債務者としては、ヤミ金融には一切手を出さないのが一番肝心だ。手を出してしまったら、各地の弁護士会や多重債務者救済の市民団体に相談するのが賢明だ。

弁護士らは「脅しに屈せず、警察に告発すると強い姿勢で業者と話し合えば、手を引く業者がほとんど」と説明する。一斉告発をした団体の関係者らも「警察が摘発にどれだけ力を入れるかが、ヤミ金融問題の解決の鍵」と話している。

2002年9月21日 読売新聞 社説

度の大幅な拡充は、学生など若い世代の

けでなく、社会全体であるべきだ。

摘発強化と開業規制が必要

ヤミ金融横行

法外な金利で貸し付け、過酷な取り立てをする「ヤミ金融業者」が激増している。

無法状態と言ってもいい横行を放置してはおけない。

被害相談に当たる弁護士、司法書士らが東京、神奈川、大阪、福岡など十五都府県の約二千業者を出資法違反容疑で各警察本部に一斉告発した。

警察は摘発を強化し、金融当局は甘い営業登録制度を改める必要がある。

被害者は、不況で資金難にあえぐ中小零細事業主や、失業で生活費に困る人、ほかに借りられない多重債務者らだ。

多くの業者は暴力団との関係もある。「払わないなら子供をさらう」「体を売って返せ」などと迫り、子供の学校や親族の勤め先に中傷文書をまく。

自殺や夜逃げに追い込まれたり、犯罪に走ったりする債務者も出ている。

警察庁生活安全局長は四月、衆院委で「迅速かつ的確な捜査を指導している」と答えたが、摘発は不十分だ。

ヤミ金融が目につき出したのは一昨年からだ。財務局や都道府県への苦情、相談は昨年度約四万八千件に上る。東京、大阪は今年度、消費者金融が社会問題化した一九八〇年代をしのぐペースだ。

十日で三―五割、年一〇〇〇%以上の高利がざらだ。二年前、商工ローン事件を機に、法定金利の上限を年29・2%に引き下げられたが、無視している。

手口の巧妙化が、摘発や行政指導を難しくしている。頻繁に社名を変え、住所も明かさない。携帯電話の番号だけの看板や広告で客を集め、契約書もない。

貸金業の開業規制が緩すぎることに問題がある。四万三千円の手数料と事務所所在地などの届けで登録できる。簡単に取得した知事登録で信用させている。

東京都の石原知事は六月の都議会で行政処分強化を打ち出し、十八年ぶりに八件の登録取り消しや業務停止を行った。が、現行制度では限界がある。

都は資金の裏付けのない業者排除のため、営業保証金を出させ、登録制から許可制への変更を金融庁に要望した。制度の見直しに取り組みたい。

億単位の不当な利益をあげながら、法違反の刑罰も軽い。一昨年、出資法違反事件で起訴された二百五十三人のうち実刑を受けたのは四人だ。大半は百万円以下の罰金で終わっている。

法を厳しく適用し、違法金融に対する抑止力にするべきだ。

安易に借りないことの自覚が最も大切だが、借りてしまった場合でも、法定金利を超える利息は払う必要はない。

勇気を持って主張することが、ヤミ金融業者の横行を防ぐことになる。

＜ 2002. 9.21 ＞

2002年10月16日 朝日新聞 社説

弱みにつけ込むワル

ヤミ金融

こんな連中が世の中をますます暗くする。多重債務者を食い物にするヤミ金融業者である。

失業や給料カットで生活に困った人が、「ちょっとだけ」と貸金業者からお金を借りる。返すために複数の業者から借金を重ね、返済困難に陥ってしまう。ヤミ金融は、そうした人たちにつけ込み、法外な金利で貸し付ける。

6年連続で記録を更新中で、今年は20万件を突破しそうな自己破産に至る原因のひとつともなっている。

ヤミとはいっても、貸金業法に基づく正規の登録をした業者であることが少なくない。登録をしていれば広告を出しやすい。「他店利用者可」「〇〇万円よりOK」などといった広告につられてやってくる客から暴利をむさぼるのだ。

出資法は金利の上限を年29・2%と定め、違反者には刑事罰が科せられる。ヤミ金融業者は最初から法など守る気はない。行政の監視が行き届かないのをいいことに、年利にすれば千%を超す超高金利の貸し付けが当たり前のようになっている。

返済が滞ると過酷な取り立てが待っている。顔写真入りのポスターを近所に張る、などという行為が繰り返される。追い詰められて自殺するという悲劇も後を絶たない。強盗などの犯罪に走った例もある。

まずは悪質業者の隠れみのに使われている登録制度を改めなければならない。現行法では数万円を払えば登録ができる。日本弁護士連合会は昨年、主たる事務所に1千万円、一つ増えるごとに500万円の営業保証金を供託させ、違法な営業をした場合には損害賠償金に充てる制度の新設を求める意見書を出した。

簡易な登録制度が被害を広げていることを考えれば、このくらいの規制強化は当然だ。早急な立法措置を求めたい。

貸金業法などの規制を逃れるため、業者のやり口も様々になってきた。

たとえば、「金券後払い」だ。高速道路の回数券を額面通りの値段で売る。その場では代金を請求せず、指定の業者に回数券を額面の8割程度で売らせる。客は現金を手にできるが、1週間後には代金を払わなければならない。実質的には7日で2割以上の超高金利だ。家具や車を買い取る契約を結び、それを貸し付ける形にして、リース料名目で返させる手口もある。

警察はこうした脱法行為も含め、違法業者を積極的に摘発すべきだ。

銀行にも注文したい。ヤミ金融業者は貸金の回収に個人名義の借名口座を利用しているケースが多い。貸金の原資が組織犯罪に関係している可能性もある。ヤミ金融に使われているとみられる場合、取引を打ち切ることをためらうべきではない。

悪徳業者に近づけば破滅することを知るべきである。それでも被害に遭ったら、泣き寝入りせず、警察に届け出たり、弁護士や司法書士の力を借りたりすることだ。

資料7　裁判例

①金銭消費貸借契約の無効、不法原因給付、既払金返還及び損害賠償

要旨	年1541%という途方もない高利の約定が強行法規違反として無効であることはもとより、借主の窮迫ないし無思慮に付け入って暴利を貪ることを目的とする金銭消費貸借契約自体が公序良俗に反し無効であり、不法行為に該当する。		
裁判所	札幌簡易裁判所	事件番号	平成12年（ハ）第3412号
判決日	平成12年9月13日	事件名	不当利得金等返還請求事件
問合先	吉原美智世弁護士 011（622）7963	業者名等	シティクレジットこと 小野寺大輔

過払事案に関して、過払差額ではなく既払金全額の返還請求及び弁護士費用相当額の支払請求を認容した事案である（消費者法ニュース47号49頁に全文掲載）。判決の全文は以下の通りである。

平成12年（ハ）第3412号
不当利得金等返還請求事件

判　　決

原告　　　　　　　A
右訴訟代理人弁護士　吉原　美智世
被告 シティクレジットこと小野寺大輔

主　文

1　被告は、原告に対し、金24万円6000円及びこれに対する平成12年7月18日から支払ずみまで年5分の割合による金員を支払え。
2　原告のその余の請求を棄却する。
3　訴訟費用はこれを6分し、その1を原告の負担とし、その余は、被告の負担とする。
4　この判決は仮に執行することができる。

事実及び理由

第一　請求

被告は、原告に対し、金29万円6000円及びこれに対する平成12年7月18日（訴状送達の日の翌日）から支払ずみまで年5分の割合による金員を支払え。

第二　事案の概要

一　請求原因の要旨

1　原告は、平成12年5月17日、被告から、利息は10日毎に3万8000円、支払期日は同年同月26日（ただし、利息の支払いにより延長できる。）とする約定で9万円を借り受け、被告に対し、右約定に基づき、平成12年5月26日、同年6月5日、同年同月14日に各3万8000円ずつ、同年同月26日に4万4000円（3日分の遅延損害金を含む。）及び同年7月3日に3万8000円の合計19万6000円を利息として支払った。

2　右契約は、出資の受入れ、預り金及び金利等の取締りに関する法律第5条に定める制限利率をも大幅に超える違法かつ公序良俗に反する無効な契約である。

3　原告は、前項の契約に起因する紛争を解決するために本訴提起を原告訴訟代理人に依頼し、弁護士費用として金10万円を支払うことを約した。

第三　当裁判所の判断

1　被告は、口頭弁論期日に出頭せず答弁書その他の準備書面も提出しないから、請求原因事実を自白したものとみなされる。

2　右自白事実によれば、本件利息約定は、これを年利に換算すると1541パーセント強という途方もない高利となるのであって、前記いわゆる（平成12年6月1日改正前）の出資法第5条2項に定める閏年における制限利率40.1136パーセントの実に38倍余に達するのである。このような約定が強行法規に違反するものとして無効であることはもとより、弁論の全趣旨から推認できる被告の窮迫ないし無思慮に付け入って暴利を貪ることを目的とするものであることが明らかな本件金銭消費貸借契約自体、公序良俗に反し無効であるというべきである。

3　前記自白事実にかかる被告の行為が不法行為に該当し、原告はその被害を免れるために本件訴えを提起することを余儀なくされ、訴訟遂行を弁護士である原告代理人に委任したものであるから右弁護士費用を被告に請求できる、とする原告の主張には理由があるが、その額としては本件訴訟の進行状況に照らすと5万円が相当である。

札幌簡易裁判所

裁判官　柳井　啓

②金銭消費貸借契約の無効、不法原因給付、過払金返還請求

要旨	実質年利1152%～2433%（罰則金利の39～83倍）というように、返済条件が極めて苛烈で、出資法違反の程度が著しい金銭消費貸借契約は、公序良俗に反し無効である。借主は貸主に対して、少なくとも既払金から既受領金を差し引いた残額について不当利得返還請求権を有する。他方、貸主がなした金銭の給付は不法原因給付だから、貸主の借主に対する返還請求は認められない。		
裁判所	東京地方裁判所	事件番号	平成13年（ワ）第15549号
判決日	平成13年9月26日	事件名	不当利得返還等請求事件
問合先	齋藤　雅弘弁護士 03（3265）2771	業者名等	ジャパンクリエイティブサービスこと姜敏寿ほか5名

借主がヤミ金融業者6件に対し、過払事案に関しては少なくとも過払差額につき不当利得返還請求権があるとして過払差額の返還を求め、計算上は差引残額が残る（既払額が既受領額よりも少ない）事案に関しては不法原因給付であるから返還義務はないとして債務不存在の確認を求めて、通常共同訴訟としてまとめて提起した事案である。

欠席裁判であるが、原告の法律上の主張をそのまま認めた（調書判決）。
①実質年利1152%～2433%もの極めて高額の利息を取り立てるという返済条件の苛烈さ、及びそれらが罰則金利の39～83倍にも相当し出資法違反の程度が著しいことから、そのような金銭消費貸借契約は公序良俗に反し無効である。②借主は貸主に対し、少なくとも既払金から既受領金を差し引いた残額について、不当利得として返還を求めることができる。③既払金が既受領金より少なく計算上は残額があったとしても、貸主がなした金銭の給付は不法原因給付であるから、貸主は返還請求をすることができない。

公序良俗違反の判断に当たり「利率の極端な高さ」という客観要素に焦点が当てられており、「窮迫・無思慮に乗ずる」という主観要素は背景に退いている。それが正しい判断方法であって、個々的な契約締結の経緯をいちいち詮索する必要はない。

契約の名をかたって明らかな不可能事を他人に強いてその生活を破壊し人格を蹂躙すること、「捕まらなければ、やった者勝ち」と刑罰法規を頭から無視していることなど、ヤミ金融業者の主観的悪性は、「利率の極端な高さ」の中に既に充分に表現されている。

③金銭消費貸借契約の無効、不法原因給付

要旨	実質年利644％～9471％（罰則金利の22～324倍）というように、返済条件が極めて苛烈で、出資法違反の程度が著しい金銭消費貸借契約は、公序良俗に反し無効である。貸主がなした金銭の給付は不法原因給付だから、既受領金について借主の貸主に対する返還義務は存在しない。

裁判所	東京簡易裁判所	事件番号	平成13年（ハ）第1491号
判決日	平成14年3月13日	事件名	債務不存在確認請求事件
問合先	清水　聡弁護士 03（3265）2771	業者名	東京シティラインこと 小森太郎ほか2名

貸付時に利息を天引されたが、その後の元利金の支払はしていない状態で、借主がヤミ金融業者に対して債務不存在確認を求めた事案である。

欠席裁判であるが、原告の法律上の主張をそのまま認めた（調書判決）。定型化された文章で簡潔に主張をまとめており、参考になるので引用する。●●は被告個人名、■■はその屋号である。

被告らの取引の違法性

ア　被告●●の経営する■■では、貸付の約定の上では20,000円の貸付をしたことにして、実際にはそのうち13,000円を天引して原告には7,000円しか交付せず、この貸付に対して7日後に利息として13,000円の支払を求めていたものであり、元本7,000円について年間663,000円もの高利（実質年利9471％）を取り立てる取引であった。

イ　かかる■■の取引は、出資法により刑事罰が科せられる上限金利である年29.2％の324倍にも相当する極めて高額の利息を取り立てるものであり、出資法に違反する極めて違法性の高い取引である。

被告らの取引の無効

被告らの原告らに対する貸付の実態は、前記で主張したとおりであり、その返済条件の苛烈さ並びに出資法違反の程度が極めて高いことからして、このような貸金契約（金銭消費貸借契約）は公序良俗（民法90条）に著しく反するものであり、契約自体が無効である。

不法原因給付による債務不存在確認

上記のとおり被告らと原告との間の貸金契約（金銭消費貸借契約）は公序良俗に反するものであり、被告らが原告に対してなした金銭の給付は不法の原因に基づいてなした給付であるので、民法708条に基づき原告はこれを被告らに対して返還する義務はない。従って、原告が被告らから受領した金員について、たとえ原告が受領した金員から原告が返済した金員を差し引いた残額があったとしても、それを原告が被告らに対して返還する義務はない。

④建物賃貸借契約の無効

要旨	暴利行為として無効な貸金契約に基づく貸金債権を担保する目的を有する建物賃貸借契約も公序良俗に反し無効である。無効な建物賃貸借契約に基づく賃借権の譲渡・転貸を受けても、有効な占有権限や登記保持権限たりえない		
裁判所	東京地方裁判所	事件番号	平成12年（ハ）第14202号
判決日	平成13年6月4日	事件名	建物明渡等請求事件
問合先	古田　利雄弁護士 03（3580）7761	業者名等	上原秀明 小林大吾

10日で2割の利率で金銭の借り入れをなした際に、借主所有の建物について借主を賃貸人、貸金業者の従業員を賃借人とする建物賃貸借契約書が作成されていた。借主が不渡りを出したため貸金業者の従業員が直ちに建物を占有したうえ、その日のうちに第三者に転貸し、さらにその3日後に別の第三者に転貸した。そこで借主の破産管財人が、現占有者に対しては建物の明渡と賃料相当損害金の支払を、貸金業者の従業員に対しては賃借権設定仮登記及び根抵当権設定仮登記の抹消登録手続を求めた事案である。

判決は、「本件貸金契約は、その利率が、1日2パーセントという出資の受入れ、預り金及び金利等の取締りに関する法律の規定する制限金利を遙かに超過した著しく違法性の強いものであるうえ、現実の貸付にあたっては貸付金額の6分の1に相当する60万円を天引しているなど、同契約は正に●●（借主）が資金繰りに困窮している状態につけ込んで締結された暴利行為というほかない。本件貸金契約は、公序良俗に反する無効なものと認められる」「本件賃貸借契約は、契約上の賃借人である被告小林の居住を目的とするようなものではなく、本件貸金債権を回収するための担保としての趣旨のものであると認められるが、本件貸金契約自体が公序良俗に反するものであり、したがって、かかる目的を有する本件賃貸借契約も、また同様に公序良俗に反する無効なものというべきである」「●●（借主）と被告小林との間の本件賃貸借契約は、公序良俗に反する無効なものである。そうすると、同契約に基づく賃借権の譲渡を受け、あるいは本件建物を転借したことをもって、被告上原は、原告（破産管財人）に対して、本件建物の占有権限を対抗することはできない」として、原告（破産管財人）の請求をすべて認容した。

⑤家具リース（民事）

要旨	いわゆる「家具リース契約」は出資法・利息制限法・貸金業規制法を脱法する目的で行われている金銭消費貸借であり、不法行為である。		
裁判所	大阪地方裁判所	事件番号	平成12年（ワ）第9065号
判決日	平成13年9月27日	事件名	不当利得金返還等請求事件
問合先	木村　達也弁護士 06（6222）2031	業者名等	大阪家具リースこと丸錫正明

貸金業規制法、出資法を脱法する「家具リース契約」は無効であり、それに基づいて金員を支払わせる行為は不法行為であるとして、借主が貸主に対し、既払金から既受領金を控除した金額の返還及び弁護士費用相当額の支払を求めた事案である。

判決は、被告が原告から家財道具を買い取り、その買い取った家財道具をリースするという「リースバック契約の外見が認められる」が、原告と被告間では２度にわたって同一の家財道具が契約の目的とされた事実、そのつど被告から原告へ「家財道具売渡金」名下に金銭が交付された事実、しかも１回目よりも２回目の方が「売渡金」の額が多いという事実などから、リース料を支払終わっても物件所有権がユーザーに移転しない通常の「リース契約とは異なる取り扱いがなされ」、「家財道具の客観的価値をきちんと査定して売買やリースがなされたとは到底考えられない」から、「本件契約はリースバック契約の形式を取ってはいるが、その実質は金銭消費貸借契約である」とした。そして、借主の既払金から既受領金すなわち元本部分を控除した金員は利息部分となるが、利率にして年184パーセントあるいは年242パーセントであり、利息制限法の制限利率をはるかに上回るものであるから、「利息部分を支払う旨の契約は無効である」（利息制限法の制限超過部分が無効というのではなく、利息約定の全部が無効である）とした。さらに、「被告の原告に対する貸付は、いずれもリース契約の形式を取ることにより、出資法、利息制限法、貸金業規制法の規制を逃れ、リース料名目で高額の利息を得ることを目的とする契約であるといえ、このような行為自体、不法行為というべきである」として、弁護士費用相当分の損害賠償請求も認容した。

資料8　法律相談窓口

①弁護士会の全国の相談窓口・一覧

弁護士会名	住　所	電　話
東京	東京千代田区霞が関1—1—3	四谷法律相談センター 03（5214）5152 神田法律相談センター 03（5289）8850 （予約電話）
第一東京	東京千代田区霞が関1—1—3	
第二東京	東京千代田区霞が関1—1—3	
横浜	横浜市中区日本大通り9	045(201)1881
埼玉	さいたま市高砂市4—7—20	048(863)5255
千葉県	千葉市中央区中央4—13—12	043(227)8431〜2
茨城県	水戸市大町2—2—75	029(221)3501
栃木県	宇都宮市小幡2—7—13	028(622)2008
群馬	前橋市大手町3—6—6	027(233)4804
静岡県	静岡市追手町10—80	054(252)0008
山梨県	甲府市中央1—8—7	055(235)7202
長野県	長野市妻科432	026(232)2104
新潟県	新潟市学校町通一番町1	025(222)3765
大阪	大阪市北区西天満2—1—2	06(6364)0251
京都	京都市中京区富小路通丸太町下ル	075(231)2335
兵庫県	神戸市中央区橘通1—4—3	078(341)7061
奈良	奈良市登大路町5	0742(22)2035
滋賀	大津市梅林1—3—4	077(522)2013
和歌山	和歌山市四番丁5	073(422)4580
名古屋	名古屋市中区三の丸1—4—2	052(203)1651
三重	津市中央3—23	059(228)2232
岐阜県	岐阜市端詰町22	058(265)0020
福井	福井市順化1—24—43	0776(23)5255
金沢	金沢市丸の内7—2	076(221)0242
富山県	富山市西田地方町2—7—5	076(421)4811

弁護士会	住　所	電　話
広　　島	広島市中区上八丁堀２—66	082(228)0230
山口県	山口市黄金町２—15	0839(22)0087
岡　　山	岡山市南方１—８—29	086(223)4401
鳥取県	鳥取市東町２—223	0857(22)3912
島根県	松江市母衣町68	0852(21)3225
福岡県	福岡市中央区城内１—１	092(741)6416
佐賀県	佐賀市中の小路４—16	0952(24)3411
長崎県	長崎市栄町１—25　長崎ＭＳビル４階	095(824)3903
大分県	大分市荷揚町７—15	097(536)1458
熊本県	熊本市京町１—13—11	096(325)0913
鹿児島県	鹿児島市山下町13—47	099(226)3765
宮崎県	宮崎市旭２—３—13	0985(22)2466
沖　　縄	那覇市楚辺１—５—15	098(836)2251
仙　　台	仙台市青葉区一番町１—17—20　グランドメゾン片平３階	022(223)1001〜2
福島県	福島市花園町５—45	024(534)2334
山形県	山形市旅篭町２—４—22	023(622)2234
岩　　手	盛岡市内丸９—１	019(651)5095
秋　　田	秋田市山王７—１—１	018(862)3770
青森県	青森市長島１—３—26	0177(77)7285
札　　幌	札幌市中央区北１条西10—１—７　第百生命札幌第二ビル７階	011(281)2428
函　　館	函館市上新川町１—８	0138(41)0232
旭　　川	旭川市花咲町４	0166(51)9527
釧　　路	釧路市柏木町４—７	0154(41)0214
香川県	高松市寿町２—３—11　高松丸太ビル	087(822)3693
徳　　島	徳島市徳島本町２—32	088(652)5768
高　　知	高知市越前町１—５—７	0888(72)0324
愛　　媛	松山市三番町４—８—８	089(941)6279

②法律扶助協会の相談窓口・一覧

●本部　東京都千代田区霞が関１—１—３　弁護士会館 14F
電話　03（3581）6941（代）

	支部名	住所	電話
北海道	札幌支部	札幌市中央区北１条西 10—１—７ 第百生命札幌第二ビル７階	011(281)2428
	函館支部	函館市上新川町１—８	0138(41)0232
	旭川支部	旭川市花咲町４	0166(51)9527
	釧路支部	釧路市柏木４—７	0154(41)0214
東北	仙台支部	仙台市青葉区一番町１—17—20 グランドメゾン片平３階	022(223)1061
	福島県支部	福島市花園町５—45	024(534)2334
	山形県支部	山形市七日町３—１—９	023(635)3648
	岩手県支部	盛岡市内丸９—１	019(651)5095
	秋田県支部	秋田市山王７—１—１	018(862)3770
	青森県支部	青森市長島１—３—26	0177(77)7285
関東	東京都支部	東京都千代田区霞が関１—１—３ 弁護士会館３階	03(3580)2851
	新宿法律援助センター	新宿区西新宿１—18—８ 新宿スカイビル２階	03(5381)2851
	多摩法律援助センター	立川市柴崎町２—１—４ トミオー第２ビル７階	0425(26)2851
	神奈川県支部	横浜市中区日本大通り９	045(211)7702
	埼玉県支部	さいたま市高砂４—７—20	048(863)5255
	千葉県支部	千葉市中央区中央４—13—12	043(227)8431
	茨城県支部	水戸市大町２—２—75	029(221)3501
	栃木県支部	宇都宮市小幡２—７—13	028(622)2008
	群馬県支部	前橋市大手町３—６—６	027(233)4804
	静岡県支部	静岡市追手町 10—80	054(252)0008
	山梨県支部	甲府市中央１—８—７	055(235)7202
	長野県支部	長野市旭町 1108	026(232)2104
	新潟県支部	新潟市学校町通一番町１	025(222)3765

	支部名	住所	電　話
中部	愛知県支部	名古屋市中区三の丸１―４―２	052(221)7096
	三重県支部	津市中央３番 23 号	059(228)2232
	岐阜県支部	岐阜市端詰町 22	058(265)0020
	福井県支部	福井市順化１―24―43	0776(23)5255
	石川県支部	金沢市丸の内７―２	076(221)0242
	富山県支部	富山市西田地方町２―７―５	0764(21)4811
近畿	大阪支部	大阪市北区西天満４―６―８ 大阪弁護士会分館５階	06(6364)1239
	京都支部	京都市中京区富小路通丸太町下ル	075(231)2335
	兵庫県支部	神戸市中央区橘通１―４―３	078(341)9006
	奈良支部	奈良市登大路町５	0742(22)2035
	滋賀県支部	大津市梅林１―３―４	077(522)2013
	和歌山県支部	和歌山市四番丁５番地 和歌山弁護士会館内	0734(22)4580
中国	広島県支部	広島市中区上八丁堀２―66	082(228)0230
	山口県支部	山口市黄金町２―15	0839(22)0087
	岡山県支部	岡山市南方１―８―29	086(223)4401
	鳥取県支部	鳥取市東町２―223	0857(22)2171
	島根県支部	松江市母衣町 68	0852(21)3225
四国	香川県支部	高松市寿町２―３―11　高松丸田ビル	087(822)3693
	徳島県支部	徳島市徳島本町２―32	088(652)5768
	高知県支部	高知市越前町１―５―７	0888(72)0324
	愛媛県支部	松山市一番町４―１―５　一誠ビル５階	089(941)6279
九州	福岡県支部	福岡市中央区城内１―１	092(741)6416
	佐賀県支部	佐賀市中の小路４―16	0952(24)3411
	長崎県支部	長崎市栄町１―25　長崎ＭＳビル４階	095(824)3903
	大分県支部	大分市荷揚町７―15	097(536)1458
	熊本県支部	熊本市京町１―13―11	096(325)0913
	鹿児島県支部	鹿児島市山下町 13―47	099(226)3765
	宮崎県支部	宮崎市旭１―８―２８	0985(22)2466
	沖縄県支部	那覇市楚辺１―５―15	098(833)5545

③全国の地方裁判所一覧

ここでは全国各地の地方裁判所を掲載した。地方裁判所の支部は省略しているので確認していただきたい。

裁判所名	所在地	電　話
東京地方裁判所	東京都千代田区霞が関 1—1—4	03(3581)5411
横浜地方裁判所	横浜市中区日本大通り 34	045(201)9631
さいたま地方裁判所	さいたま市高砂 3—16—45	048(863)4111
千葉地方裁判所	千葉市中央区中央 4—11—27	043(222)0165
水戸地方裁判所	水戸市大町 1—1—38	029(224)0011
宇都宮地方裁判所	宇都宮市小幡 1—1—38	028(621)2111
前橋地方裁判所	前橋市大手町 3—1—34	027(231)4275
静岡地方裁判所	静岡市追手町 10—80	054(252)6111
甲府地方裁判所	甲府市中央 1—10—7	055(235)1131
長野地方裁判所	長野市旭町 1108	026(232)4991
新潟地方裁判所	新潟市学校町通一番町 1	025(222)4131
大阪地方裁判所	大阪市北区西天満 2—1—10	06(6363)1281
京都地方裁判所	京都市中京区丸太町通柳馬場東入菊屋町	075(211)4111
神戸地方裁判所	神戸市中央区橘通 2—2—1	078(341)7251
奈良地方裁判所	奈良市登大路町 35	0742(26)1271
大津地方裁判所	大津市京町 3—1—2	077(522)4281
和歌山地方裁判所	和歌山市二番丁 1	073(422)4191
名古屋地方裁判所	名古屋市中区三の丸 1—4—1	052(203)1611
津地方裁判所	津市中央 3—1	059(226)4171
岐阜地方裁判所	岐阜市美江寺町 2—4—1	058(262)5121
福井地方裁判所	福井市春山 1—1—1	0776(22)5000
金沢地方裁判所	金沢市丸の内 7—2	076(262)3221
富山地方裁判所	富山市西田地方町 2—9—1	076(421)6131

裁判所名	所在地	電　話
広島地方裁判所	広島市中区上八丁堀 2—43	082 (228) 0421
山口地方裁判所	山口市駅前通り 1—6—1	0839 (22) 1330
岡山地方裁判所	岡山市南方 1—8—42	086 (222) 6771
鳥取地方裁判所	鳥取市東町 2—223	0857 (22) 2171
松江地方裁判所	松江市母衣町 68	0852 (23) 1701
福岡地方裁判所	福岡市中央区城内 1—1	092 (781) 3141
佐賀地方裁判所	佐賀市中の小路 3—22	0952 (23) 3161
長崎地方裁判所	長崎市万才町 9—26	095 (822) 6151
大分地方裁判所	大分市荷揚町 7—15	097 (532) 7161
熊本地方裁判所	熊本市京町 1—13—11	096 (325) 2121
鹿児島地方裁判所	鹿児島市山下町 13—47	099 (222) 7121
宮崎地方裁判所	宮崎市旭 2—3—13	0985 (23) 2261
那覇地方裁判所	那覇市樋川 1—14—1	098 (855) 3366
仙台地方裁判所	仙台市青葉区片平 1—6—1	022 (222) 6111
福島地方裁判所	福島市花園町 5—45	024 (534) 2156
山形地方裁判所	山形市旅籠町 2—4—22	023 (623) 9511
盛岡地方裁判所	盛岡市内丸 9—1	019 (622) 3165
秋田地方裁判所	秋田市山王 7—1—1	018 (824) 3121
青森地方裁判所	青森市長島 1—3—26	0177 (22) 5351
札幌地方裁判所	札幌市中央区大通西 11 丁目	011 (231) 4200
函館地方裁判所	函館市上新川町 1—8	0138 (42) 2151
旭川地方裁判所	旭川市花咲町 4	0166 (51) 6251
釧路地方裁判所	釧路市柏木町 4—7	0154 (41) 4171
高松地方裁判所	高松市丸の内 1—36	087 (851) 1531
徳島地方裁判所	徳島市徳島町 1—5	088 (652) 3141
高知地方裁判所	高知市丸の内 1—3—5	088 (822) 0340
松山地方裁判所	松山市一番町 3—3—8	089 (941) 4151

④都道府県の貸金業担当部課係

都道府県名	貸金業の担当部課係	電　話
北　海　道	商工観光部金融課企画係	011(231)4111(本庁)
青　森　県	商工労働部商工課商工金融班	0177(22)1111
岩　手　県	商工労働部商政課金融係	019(651)3111
宮　城　県	商工労働部中小企業課信用組合係	022(211)2111
秋　田　県	産業労働部商工課金融係	018(860)1111
山　形　県	商工労働部商工課金融係	023(630)2211
福　島　県	商工労働部商工課信用組合係	024(521)1111
茨　城　県	商工労働部商工企画課金融団体係	029(221)8111
栃　木　県	商工労働部中小企業課金融係	028(623)2323
群　馬　県	商工労働部商政課金融係	027(223)1111
埼　玉　県	商工部金融課指導係	048(824)2111
千　葉　県	環境生活部県民生活貸金業班	043(223)2794
東　京　都	労働経済局金融課貸金業指導係	03(5321)1111
神奈川県	商工部金融課企画経理係	045(201)1111
山　梨　県	商工労働部商工金融課金融担当	055(237)1111
新　潟　県	生活環境商工労働部消費生活商工企画課企画調整金融係	025(285)5511
長　野　県	商工部振興課金融係	026(232)0111
富　山　県	商工労働部中小企業課金融係	0764(31)4111
石　川　県	商工労働部商工課信用組合係	076(261)1111
福　井　県	商工労働部中小企業課金融係	0776(21)1111
岐　阜　県	商工労働部商工課金融係	058(272)1111
静　岡　県	商工部商工企画課金融係	054(221)2455
愛　知　県	商工部商工金融課小口金融担当	052(961)2111
三　重　県	商工労働部商工金融課金融係	059(224)3070

都道府県名	貸金業の担当部課係	電　話
滋　賀　県	商工労働部商工課金融係	077(524)1121
京　都　府	商工部商工振興課金融係	075(451)8111
大　阪　府	商工部金融課金融第二係	06(6941)0351
兵　庫　県	商工部金融課信用組合係	078(341)7711
奈　良　県	商工労働部金融課金融指導係	0742(22)1101
和 歌 山 県	経済部商工課金融係	0734(32)4111
鳥　取　県	商工労働部商工指導課指導係	0857(26)7111
島　根　県	商工労働部中小企業課金融係	0852(22)5111
岡　山　県	商工部商政課金融係	086(224)2111
広　島　県	商工労働部金融課金融係	082(228)2111
山　口　県	商工労働部中小企業課金融係	0839(22)3111
徳　島　県	商工労働部商政課金融係	088(621)2500
香　川　県	経済労働部商工課企画係	087(831)1111
愛　媛　県	商工労働部商工観光課金融係	089(941)2111
高　知　県	商工労働部工業課金融班	0888(23)1111
福　岡　県	商工部通商金融課金融係	092(651)1111
佐　賀　県	商工労働部商工振興課金融係	0952(24)2111
長　崎　県	経済部中小企業課金融係	095(824)1111
熊　本　県	商工観光労働部商工金融課	096(383)1111
大　分　県	商工労働部中小企業課金融第一係	097(536)1111
宮　崎　県	商工労働部組織金融課金融係	0985(24)1111
鹿 児 島 県	商工労働部中小企業金融課金融係	099(286)2111
沖　縄　県	商工観光部中小企業課振興係	098(866)2333

⑤金融庁および財務局一覧

金融庁監督部銀行監督課金融会社室　電話03（5306）6000（代）

財務局名	所在地	電話
関東財務局	さいたま市上落合2—11　埼玉新都心合同庁舎1号館	048(600)1078
近畿財務局	大阪市中央区大手前4—1—76　大阪合同庁舎4号館	06(6949)6350
北海道財務局	札幌市北区北8条西2—1—1　札幌第1合同庁舎	011(709)2311
東北財務局	仙台市青葉区本町3—3—1　仙台合同庁舎	022(263)1111
東海財務局	名古屋市中区三の丸3—3—1	052(951)1771
北陸財務局	金沢市新神田4—3—10　金沢新神田合同庁舎	076(291)6222
中国財務局	広島市中区上八丁堀6—30　広島合同庁舎4号館	082(221)9221
四国財務局	高松市中野町26—1	087(831)2131
九州財務局	熊本市二の丸1—2　熊本合同庁舎	096(353)6351
福岡財務局	福岡市博多区博多駅東2—11—1　福岡合同庁舎	092(411)7281
沖縄総合事務局	那覇市前島2—21—7	098(866)0031

財務事務所名		所在地	電話
関東	横浜財務事務所	横浜市中区北仲通5—57　横浜第2合同庁舎	045(681)0931
	東京財務事務所	文京区湯島4—6—15　湯島地方合同庁舎	03(5842)7011
	千葉財務事務所	千葉市中央区椿森5—6—1	043(251)7211
	甲府財務事務所	甲府市北口1—4—10	055(253)2261
	宇都宮財務事務所	宇都宮市桜3—1—10	028(633)6221
	水戸財務事務所	水戸市北見町1—4	029(221)3188
	前橋財務事務所	前橋市大手町2—10—5　前橋合同庁舎	027(221)4491
	新潟財務事務所	新潟市営所通二番町692—5　新潟大蔵総合庁舎	025(229)2631
	長野財務事務所	長野市旭町1108　長野第2合同庁舎	026(234)5123
近畿	京都財務事務所	京都市上京区西三本木通荒神口下ル上生州町197	075(231)4131
	神戸財務事務所	神戸市中央区海岸通　神戸地方合同庁舎	078(391)6941
	奈良財務事務所	奈良市登大路町81　奈良合同庁舎	0742(27)3161
	和歌山財務事務所	和歌山市今福1—3—35	0734(22)6141
	大津財務事務所	大津市御陵町3—5	077(522)3765
北海道	函館財務事務所	函館市新川町25—18　函館地方合同庁舎	0138(23)8445
	旭川財務事務所	旭川市5条通10丁目左9	0166(26)4151
	帯広財務事務所	帯広市西5条南6丁目	0155(25)6381
	釧路財務事務所	釧路市宮本1—1—28	0154(41)1191
東北	盛岡財務事務所	盛岡市内丸7—25　盛岡合同庁舎	019(625)3351
	福島財務事務所	福島市松木町13—2	024(535)0301
	秋田財務事務所	秋田市山王7—1—4　秋田第2合同庁舎	018(862)4191

財務事務所名		所在地	電話
東北	青森財務事務所	青森市新町 2—4—25　青森合同庁舎	0177(22)1461
	山形財務事務所	山形市緑町 2—15—3	023(641)5177
東海	静岡財務事務所	静岡市追手町 9—50　静岡地方合同庁舎	054(251)4321
	津財務事務所	津市桜橋 2—129	059(225)7221
	岐阜財務事務所	岐阜市金竜町 5—13　岐阜合同庁舎	058(247)4111
北陸	福井財務事務所	福井市宝永 2—4—10	0776(25)8230
	富山財務事務所	富山市丸の内 1—5—13	0764(32)5521
中国	山口財務事務所	山口市中河原町6—16　山口地方合同庁舎	0839(22)2190
	岡山財務事務所	岡山市桑田町 1—36　岡山地方合同庁舎	086(223)1131
	鳥取財務事務所	鳥取市富安 2—89—4　鳥取第 1 地方合同庁舎	0857(26)2295
	松江財務事務所	松江市東朝日町 73	0852(21)5231
四国	松山財務事務所	松山市若草町 4—3　松山若草合同庁舎	089(941)7185
	徳島財務事務所	徳島市万代町 3—5	088(622)5181
	高知財務事務所	高知市追手筋 2—7—3	0888(22)9177
九州	大分財務事務所	大分市新川町 2—1—36　大分合同庁舎	097(532)7107
	鹿児島財務事務所	鹿児島市山下町 13—21　鹿児島合同庁舎	099(226)6155
	宮崎財務事務所	宮崎市橘通東 3—1—22　宮崎合同庁舎	0985(22)7101
福岡	佐賀財務事務所	佐賀市駅前中央 3—3—20　佐賀第 2 合同庁舎	0952(32)7161
	長崎財務事務所	長崎市筑後町 3—24	095(822)4271

財務局	財務局事務所	出張所	所在地	電話
関東	関東	立川	立川市錦町 4—1—18　立川合同庁舎	042(524)2195
	横浜	横須賀	横須賀市日の出町 1—4—1　横須賀合同庁舎	0468(23)1047
	水戸	筑波	つくば市竹園 3—24—2	0298(51)2160
近畿	京都	舞鶴	舞鶴市浜 3—1	0773(62)3557
北海道	北海道	小樽	小樽市港町 5—3　小樽港湾合同庁舎	0134(23)4103
		北見	北見市北 11 条東 2 丁目	0157(24)4167
東海	静岡	沼津	沼津市市場町 9—1　沼津合同庁舎	0559(33)5800
中国	中国	呉	呉市幸町 6—6	0823(21)6411
	山口	下関	下関市竹崎町 4—6—1　下関地方合同庁舎	0832(34)4003
	岡山	倉敷	倉敷市水島北幸町 2—2	086(444)5265
九州	鹿児島	名瀬	名瀬市長浜 1—1　名瀬合同庁舎	0997(52)0728
福岡	福岡	小倉	北九州市小倉北区城内 5—3　小倉合同庁舎	093(561)0481
	長崎	佐世保	佐世保市木場田町 3—28	0956(23)3185
沖縄総合事務局		宮古財務	平良市下里 1016　平良地方合同庁舎	09807(2)4774
財務部		八重山財務	石垣市登野城 55—4　石垣地方合同庁舎	09908(2)4941

資料9　全国クレジット・サラ金被害者連絡協議会 相談窓口一覧

団体名	住所	電話
会長　木村近志(福山つくしの会)	広島県福山市東町2—3—23	0849(24)5070
事務局長　本多良男	東京都大田区山王2—1—8 山王アーバンライフ810号	03(3774)1717
事務局次長　坂上ルミ(東京市民法律事務所)	東京都中央区銀座6—12—15 西山ビル7階	03(3571)6051
(北海道連絡会)	札幌市北区北30条西7—2—16 札幌北民商内	011(758)0371
1　札幌　ライラックの会	札幌市北区北30条西7—2—16 札幌北民商内	011(758)0371
2　じゃがもも道場	札幌市北区北30条西7—2—16 札幌北民商内	011(758)0371
3　札幌　陽は昇る会(札幌クレ・サラ被害をなくす会)	札幌市中央区南1条東四丁目 児玉健次事務所内	011(232)8605
4　たんぽぽの会(帯広十勝クレ・サラ被害をなくす会)	帯広市西24条南2—5—166	0155(37)7119
5　はまなすの会	釧路市南大通3—3—16 ミナミハイツ102号	0154(43)2885
(東北)		
6　みやぎ青葉の会	仙台市若林区新寺5—5—2 昌峯ビル302	022(299)5627
7　岩手県商工団体連合会・宮古民主商工会・ウミネコ道場	岩手県宮古市緑が丘3—31 宮古民商内	0193(63)1346
8　いわき市クレジット・サラ金問題対策協議会	福島県いわき市平字六町目5—12 いわき民商会館内	0246(24)1144
9　福島県クレジット・サラ金・商工ローン被害対策連絡会	福島市陣馬町7—20　陣馬アーバンハウス201　福島県商工団体連合会内	0245(33)5524
(関東甲信越)		
10 桐生ひまわりの会	群馬県桐生市相生町3—591—2 スカイハイツ103号	0277(55)1400
11 足利地区クレ・サラ被害者の会	栃木県足利市山川町97—2 足利民商内	0284(42)8545
12 新潟あゆみの会	新潟市沼垂西3—10—14 新潟民商内	025(243)0141
13 ながのコスモスの会	長野市若宮2—7—6　長野民商内	026(263)1827
14 中南信コスモスの会	長野県岡谷市本町2—6—47 (林百郎法律事務所)	0266(23)2270
15 東信コスモスの会	長野県上田市中央4—9—7	0267(64)8786
(首都圏連絡会)	東京都港区六本木7—8—25	03(3479)5274
16 太陽の会(大田クレ・サラ対協)	東京都大田区山王2—1—8 山王アーバンライフ810号	03(3774)1717
17 はばたきの会(豊島クレサラ対協)	東京都豊島区目白5—19—18	03(3950)6018
18 中野こだまの会	東京都中野区新井2—24—1 中野民商内	03(3387)3341

19玉川　雑草の会	東京都世田谷区中町5—17—3 玉川民商内	03(3703)5371
20サラ金クレジット問題を考える渋谷の会	東京都渋谷区千駄ヶ谷5—20—19 勝栄ビル201号　渋谷民商内	03(3357)5401
21川の手市民の会	東京都足立区千住旭町19—7 シティハイムSUZUKI	03(3870)7811
22日野会(日本自動車販売被害者の会)	東京都立川市境町2—45—4　須崎方	0425(36)1616
23再起の会(三多摩クレサラ対策協議会)	東京都調布市布田4—19—1　ライオンズプラザ調布202　調布みなみ司法書士事務所内	0424(86)5520
24千葉県クレ・サラ対協(菜の花の会)	千葉県船橋市湊町1—1—15 船橋弁護士ビル6階	047(495)5077
25あさひ会(千葉県クレ・サラ被害者の会)	千葉市若葉区大宮町2178—11 近藤方	043(265)4430
26しおさいの会(横須賀クレジット・サラ金被害をなくす会)	神奈川県横須賀市日ノ出町1—5 松岡司法書士事務所	0468(25)2008
27ヨコハマかもめ会	横浜市中区北仲通4—49 萬国貿易ビル　加藤木事務所	045(224)6692
28川崎クレジット・サラ金対策ネットワーク市民の会	神奈川県川崎市多摩区登戸新町447番RTビル303	044(911)9057
29夜明けの会	埼玉県桶川市朝日2—12—23	048(774)2862
(東海・北陸)		
30愛知　かきつばたの会	名古屋市北区山田町1—30 すずやマンション大曽根2階	052(916)9131
31西濃れんげの会	大垣市久徳町560番地	0584(92)3307
32金沢あすなろ会	金沢市三馬2—252	076(243)6777
33三重はなしょうぶの会	三重県四日市市新正3—16—6 四日市民商会館２階	0593(52)6696
(関西・近畿)		
34いちょうの会(大阪クレ・サラ被害者の会)	大阪市北区西天満4—2—7 昭栄ビル２階	06(6361)0546
35クレ・サラ・商工ローンの被害をなくす吹田市民の会　さざなみ	大阪府吹田市川園町20—1　吹田民商内	06(6382)5275
36竹の子の会	大阪府岸和田市沼町13—21 双陽ビル　阪南法律事務所内	0724(38)7734
37尼崎あすひらく会	兵庫県尼崎市名神町1—9—1 尼崎民主共同センター内	06(6426)7243
38神戸あすひらく会	神戸市長田区東尻池町2—12—12	078(511)3874
39あざみの会	和歌山市小松原通り5—15 IKEJILIビル２階	073(424)6300
40平安の会	京都市中京区寺町2条下ル妙浩寺前町446　若林ビル３階	075(212)2300
(中国・四国)		
41岡山つくしの会	岡山市南方1—5—2　奥村ビル4階 能海司法書士事務所内	086(222)2750
42倉敷つくしの会	岡山県倉敷市幸町3—13	086(424)8029

43 津山つくしの会	岡山県津山市上河原232—5	0869(54)0622
44 広島つくしの会	広島市中区上八丁堀8—6　長束ビル	082(221)6433
45 福山つくしの会	広島県福山市東町2—3—23	0849(24)5070
46 呉つくしの会	広島県呉市中央3—2—27 島崎法律事務所ビル1階	0823(22)7265
47 尾道つくしの会	広島県尾道市新浜1—14—31 金属ビル　尾道綜合法律事務所内	0848(23)8229
48 丸亀あすなろの会	香川県丸亀市城西町1—2—3	0877(22)4333
49 高松あすなろの会	高松市瀬戸内町509—168	087(834)6661
50 松山たちばなの会	松山市北立花町6—1	089(935)7278
（九州・沖縄）		
51 しらぬひの会(大牟田クレ・サラ問題を解決する会)	福岡県大牟田市不知火町2—1—8 不知火合同法律事務所内	0944(52)4331
52 ひこばえの会(福岡クレ・サラ被害をなくす会)	福岡市中央区大名2—2—51 コーポラス吉田501号	092(761)8475
53 門司めかり会(門司クレ・サラ被害をなくす会)	北九州市門司区大里東4—12—23	093(391)2894
54 小倉めかり会(小倉クレ・サラ被害をなくす会)	北九州市小倉北区足原2—7—16	093(922)8272
55 八幡めかり会	北九州市八幡西区光明一丁目7—10	093(603)2739
56 京築めかり会	福岡県行橋市大橋2—18—20 京築民主会館内	0930(23)0977
57 筑豊地区　サラ金問題対策協議会	福岡県飯塚市新飯塚20—25TSビル 筑豊合同法律事務所内	0948(25)5903
58 おんがの会(筑豊クレ・サラ被害をなくす会)	福岡県直方市新町3—3—42 吉村拓法律事務所内	0949(25)0411
59 クレサラ被害をなくすネットワーク	久留米市城南町12—22 矢ヶ部公治事務所内	0942(34)9333
60 田川めかり会	福岡県田川郡川崎町山下通227—13 河野様方	0947(72)7356
61 九千部道場	佐賀県鳥栖市今泉町2152—23 鳥栖民商内	0942(83)7648
62 長崎あじさいの会	長崎市長崎金屋町9—29　ピィラながさき901号　山本喜久男司法書士事務所内	095(828)4568
63 大分クレ・サラ被害者の会「まなびの会」	大分市城崎町2—6—25 ベッダイ城崎ビル3階	097(534)8174
64 大分どんこ道場	大分市中島西3—7—7　大分民商内	097(534)3917
65 麦ふみ会	宮崎市別府町6—1　ひまわりビル2階 松田共同法律事務所	0985(26)4656
66 熊本クレジットサラ金日掛被害をなくす会	熊本市安政町2—23　岡上ビル503号	096(351)7400
67 沖縄クレジット・サラ金被害をなくす会	那覇市壷屋2—5—7 宮里徳男事務所内	098(836)4851

宇都宮健児（うつのみや・けんじ）

1946年　愛媛県に生まれる
1969年　東京大学法学部中退、司法研修所入所
1971年　弁護士登録、東京弁護士会所属
以後、日弁連消費者問題対策委員会委員長、
東京弁護士会副会長などを歴任
現在　全国クレジット・サラ金問題対策協議会事務局次長、地下鉄サリン事件・ＫＫＣ事件・オレンジ共済事件被害者対策弁護団団長
日栄・商工ファンド対策全国弁護団・クレジット・サラ金・商工ローンの高金利の引き下げを求める全国連絡会・全国ヤミ金融対策会議代表幹事

著者　『カード破産と借金整理法』（自由国民社）
『イラスト六法　わかりやすい自己破産』（自由国民社）
『イラストでわかる悪徳商法から身を守る法』（東洋経済新報社）
『だれでもわかる自己破産の基礎知識』（花伝社）
『自己破産のすすめ』（花伝社）
『個人再生手続の基礎知識』（花伝社）
『消費者金融　実態と救済』（岩波新書）

連絡先　〒104-0061　東京都中央区銀座6-12-15　西山ビル７Ｆ
東京市民法律事務所
電話 03-3571-6051　FAX 03-3571-9379

ヤミ金融撃退マニュアル——恐るべき実態と撃退法——

2002年 11月 12日　初版第１刷発行
2003年　3月 10日　初版第５刷発行

著者 —— 宇都宮健児
発行者 — 平田　勝
発行 —— 花伝社
発売 —— 共栄書房
〒101-0065　東京都千代田区西神田2-7-6 川合ビル
電話　03-3263-3813
FAX　03-3239-8272
E-mail　kadensha@muf.biglobe.ne.jp
http://www1.biz.biglobe.ne.jp/ ~kadensha
振替 —— 00140-6-59661
装幀 —— 神田程史
カバー・絵 — 遠藤由紀
印刷 —— 中央精版印刷株式会社

ISBN4-7634-0394-X　C0036